BALADA DE UN CASTELLANO

MARÍA ISABEL MOLINA nació en Madrid, está casada y tiene cinco hijos. En casi todos sus libros se refleja un amor por la historia de España que quiere transmitir a sus lectores, según se desprende de algunos de sus títulos, como *Las ruinas de Numancia, El moro cristiano, Alvar Núñez* o de éste, *Balada de un castellano*. Todos ellos mezclan la historia real con fantasías de la autora, resultando unos libros de aventuras de innegable valor literario, como lo acreditan los distintos galardones conseguidos en su larga carrera de escritora. Ha obtenido el Premio CCEI, el Ciudad de Trento, el AMADE novela juvenil, Lista de Honor Premio Andersen, Doncel de novela, etc...

JUAN RAMÓN ALONSO DÍAZ-TOLEDO nació en Madrid. Es profesor de dibujo por la Escuela de Bellas Artes de San Fernando. Ha ilustrado varios libros infantiles y juveniles como: *Tom Sawyer detective,* de Mark Twain; *Cuentos de las cosas que hablan,* de Antoniorrobles; *Viernes o la vida salvaje,* de Michel Tournier; *La piedra y el agua,* de Montserrat del Amo; y éste de María Isabel Molina, *Balada de un castellano,* los tres últimos en la editorial Noguer.

MARÍA ISABEL MOLINA

BALADA DE UN CASTELLANO

EDITORIAL NOGUER, S. A.
BARCELONA · MADRID

Paseo de Gracia, 96, Barcelona

ISBN: 84-279-3130-1

Sexta edición: octubre 1991

Cubierta e ilustraciones: Juan Ramón Alonso Díaz-Toledo
Impreso en España-Printed in Spain
Gráficas Ródano, Viladecans
Depósito legal: B-26.513-1991

A mis padres y
a mis hijos

I

Yo

Desde la ventana de mi cámara se ve parte del alfoz. El trigo está alto y amarillean ya las espigas. Pronto los labriegos comenzarán la recolección.

Buena tierra esta, tierra de pan llevar que han codiciado todos los hombres desde los lejanos tiempos hasta hoy; y que es seguro seguirán codiciando en el día de mañana.

Hoy, día del Apóstol, es un buen día para escribir. He mandado traer del monasterio de San Pedro abundancia de plumas, pergaminos y tinta. Y ya que he alcanzado la madurez, como esas espigas que se mecen al viento en los campos de mi señorío, quiero escribir la verdad de lo que sucedió en mi vida.

No escribiré al estilo de los cronistas del reino o de los abades de los monasterios. Escribiré como hablan los juglares que recorren los caminos o los trovadores que van de castillo en castillo, con su carga de canciones y romances que tantas veces me hicieron soñar.

Es mi nombre Assur Ansúrez y vivimos el año del Señor de 990. Algunos dicen que estos son malos años, y que el mundo será llamado a juicio en el año 1000. Nadie sabe nada; Dios gobierna sobre todos y Él sabrá lo que tiene dispuesto.

Yo, Assur Ansúrez, conde de las tierras del Cea por la gracia de nuestro señor el Rey de León, y bajo el gobierno de García Fernández, conde de Castilla, voy a escribir mi crónica.

Mi madre murió de unas fiebres malas a poco de nacer yo, y mi padre no quiso volver a tomar esposa. Había querido mucho a mi madre y a los ruegos del Conde Assur, que era el jefe de la familia, contestó que ya tenía un hijo varón que le sucediese en el señorío.

A pesar de la muerte de mi madre, hubo grandes fiestas en mi nacimiento. El tío Assur, el gran conde de Monzón, quiso ser mi padrino. Me dio su nombre en lugar del de Gonzalo que yo hubiese debido llevar por ser el de mi abuelo y regaló dos dehesas al monasterio de San Pedro en acción de gracias a Dios por mi nacimiento.

Apenas recuerdo mis años de infancia. La vida era dulce y buena para mí. Clases de latín con un fraile del monasterio; ejercicios de espada y lanza con mi preceptor y lecciones de equitación con el anciano escudero de casa.

Yo aprendía, pero no muy deprisa. Era un niño tímido y reconcentrado y me gustaba más vagabundear por los alrededores del castillo, mirar los saltos de los conejos entre los matorrales y las jaras, y tumbarme tras una peña para cantar las músicas fáciles de los juglares con otras letras que yo me inventaba.

En aquellos tiempos, me hubiera gustado, más que nada en el mundo, ser juglar.

Se lo dije a mi preceptor y contestó irritado:

—¡No sueñes tonterías! Tú eres Assur Ansúrez, heredero del señorío y no un villano. Un hijo de grandes señores no debe de pensar en juglarías. Mejor harías en aplicarte más en el manejo del escudo, si no, el día que entres en combate, te deshará un moro del primer mandoble.

Pero a mí no me gustaban los combates, y vivía en el perpetuo temor de avergonzar un día a mi padre al no ser todo lo valiente que debía de ser el hijo del Conde de Cea.

Le dije a mi maestro de latín que me enseñara bien la escritura y la gramática. Yo quería saber algo más que trazar mi signo al pie de los documentos de los notarios. Quería leer y escribir bien, y componer poemas y canciones tan bien como los trovadores.

El anciano fraile estuvo de acuerdo conmigo, pero no me entendió y le dijo a mi padre que yo quería ingresar en el monasterio.

Y mi padre me llamó al gran salón, el que estaba debajo de la torre del homenaje, donde servían al rey o al obispo cuando visitaban el castillo, y en cuyo techo se veía la gran viga maestra que era la principal del edificio.

Mi padre estaba sentado en su viejo sitial de madera de roble recubierto de pieles. Había una de oso, entera, con cabeza y todo, que había conseguido mi padre en su juventud. Y estaban también las de conejo blanco que trajera mi madre desde Galicia cuando su boda.

Yo permanecí de pie ante él, con la cabeza inclinada como me habían enseñado, restregando los pies sobre las pajas de la estera que cubría el suelo de piedra. Hacía frío. La lumbre chisporroteaba en la chimenea pero en el gran salón siempre hacía frío. Mi preceptor decía que en otros castillos había alfombras de lana y seda, compradas a los judíos o conseguidas en las batallas. Pero nosotros no éramos tan ricos y teníamos que conformarnos con esteras de paja.

Mi padre habló. Tenía una hermosa voz, algo triste, como si estuviese fatigado.

—Assur, hijo. Me han dicho que quieres servir a Dios en un monasterio. Eres mi único hijo. El señorío lo debes de heredar tú, pero aún así, si tu destino es el monasterio, bendeciré al Señor que quiere mi hijo para su servicio y dejaré mi condado a Su Casa.

Levanté la cabeza asombrado. Yo no había sabido hasta entonces lo que le había dicho a mi padre mi maestro de latín.

—Habla, Assur.

—Padre, yo no quiero ser monje. Me gustan las músicas, las canciones y los relatos de batallas; no quiero ser monje, pero no me gustan los combates. Si me lo permitieseis... querría ser juglar.

Mi padre sonrió con algo de cansancio.

—Hijo, tú eres un Infante de Castilla. Perteneces a una de las mejores familias. Más ilustre que nosotros no hay más que el conde Fernán González y si Dios concede vida a mi primo Assur, pronto seremos los mejores después del rey. Debes aprender a combatir. Los moros señorean nuestra tierra y es nuestro deber arrancarla de sus manos. Después, si te gusta, haz canciones sobre las batallas. Te doy permiso. Pero ten en cuenta que un Ansúrez no puede rodar por los caminos como un juglar, hijo de un villano.

Incliné la cabeza y salí del gran salón. Por primera vez, mi padre me había dicho lo que debía a mi nombre, a mi casa y al rey de León. Y quise obedecer a mi padre y procuré estudiar más.

Mi padre murió en el año 950, en la batalla de Talavera, donde los hombres del rey Ramiro alcanzaron una sonora victoria contra los moros.

Había sido aquel un año muy malo. Durante el invierno no llovió apenas, y en la primavera el sol agostó la mies y el pasto que apenas habían comenzado a brotar.

El rey Ramiro de León convocó a sus nobles e infanzones. Harían una excursión a tierras moras y traerían dinero, joyas, buenas ropas y toda la comida que pudiesen hallar. Y así intentarían remediar el hambre que padecían Castilla y León.

Cerca de Talavera se les enfrentó el ejército árabe. Los caballeros del rey Ramiro atacaron con dureza y los árabes tuvieron que huir. La victoria fue completa. Entre los caballeros cristianos caídos estaba el conde de las tierras del Cea.

Yo era un niño. Un niño de diez años, demasiado alto para mis calzas y demasiado delgado para mi sayo. Tenía el pelo negro y los ojos oscuros de toda mi familia, y en toda mi vida no había visto más extraños que los criados del castillo de mi padre.

Mi primo, Fernando Ansúrez, vino a verme. Mi padrino, el gran Conde de Monzón, había muerto y heredó el señorío su hijo mayor, Fernando.

El viejo escudero me fue a llamar al patio.

—Assur, el Conde de Monzón ha llegado y pregunta por ti.

Me levanté. No estando mi padre, yo debía recibirlo.

—El Conde de Monzón debe de ser recibido como se merece. Preparad el salón del homenaje.

De pie al lado de la chimenea, recibí a Fernando Ansúrez. Aunque era mi primo me llevaba muchos años y era ya todo un hombre, alto y sombrío, con un gesto duro perpetuamente prendido en los labios.

—Dios te guarde, primo Assur. Vengo con malas noticias.

—¿Cuáles?

—Sabrás que tu padre ha muerto en la batalla de Talavera.

Sentí frío. ¡Mi padre había muerto! Al fin la noticia me penetró y me derrumbé llorando sobre el sitial en que tantas veces se sentara.

Desde el fondo de mi llanto oí decir a mi primo:

—¡Preparad las cosas del conde! vendrá conmigo al castillo de Monzón.

Aquella noche no dormí. Lloraba a ratos y a ratos dormitaba. Mi padre había formado todo mi mundo. Y mi padre había muerto y al día siguiente Fernando me llevaría con él al castillo de Monzón. Yo no conocía su condado como tampoco le conocía a él, pero la severidad de su trato no impulsaba a quererle.

Salimos con el alba. Los árboles se agigantaban en el camino al contraluz del amanecer. Delante, en un caballo fuerte, de gran alzada y pelo rojizo iba el primo Fernando. Detrás en una mula, como las mujeres, yo.

Había protestado cuando salía de mi castillo.

—¡Primo Fernando! ¡Yo sé montar bien!

Me había dedicado una de sus sombrías miradas.

—El camino a Monzón es largo. Tú eres muy niño y no resistirás la andadura del caballo.

Y su acento tenía tal imperio que me resigné.

Camino de Monzón vi desfilar ante mí las tierras y los árboles, las villas y las rocas de mi señorío. En la vera del camino, los villanos se quitaban el gorro en silencioso saludo al vernos pasar. Luego volvían a sus faenas. Pero yo sentía que sus miradas me acompañaban durante largo tiempo. Me parecía que me decían adiós, porque no sabía cuándo volvería a verlos.

De súbito me acordé de mi padre, de sus ojos tristes y de su hermosa voz, de su cariño cuando me hablaba y un sollozo se me escapó.

El primo Fernando volvió la cabeza.

—Veo que eres muy llorón. Los caballeros no deben llorar. ¿Qué edad tienes?

—Diez años, primo Fernando.

—Diez años... Edad suficiente para comprender las cosas. Tu padre era un caballero del rey y ha

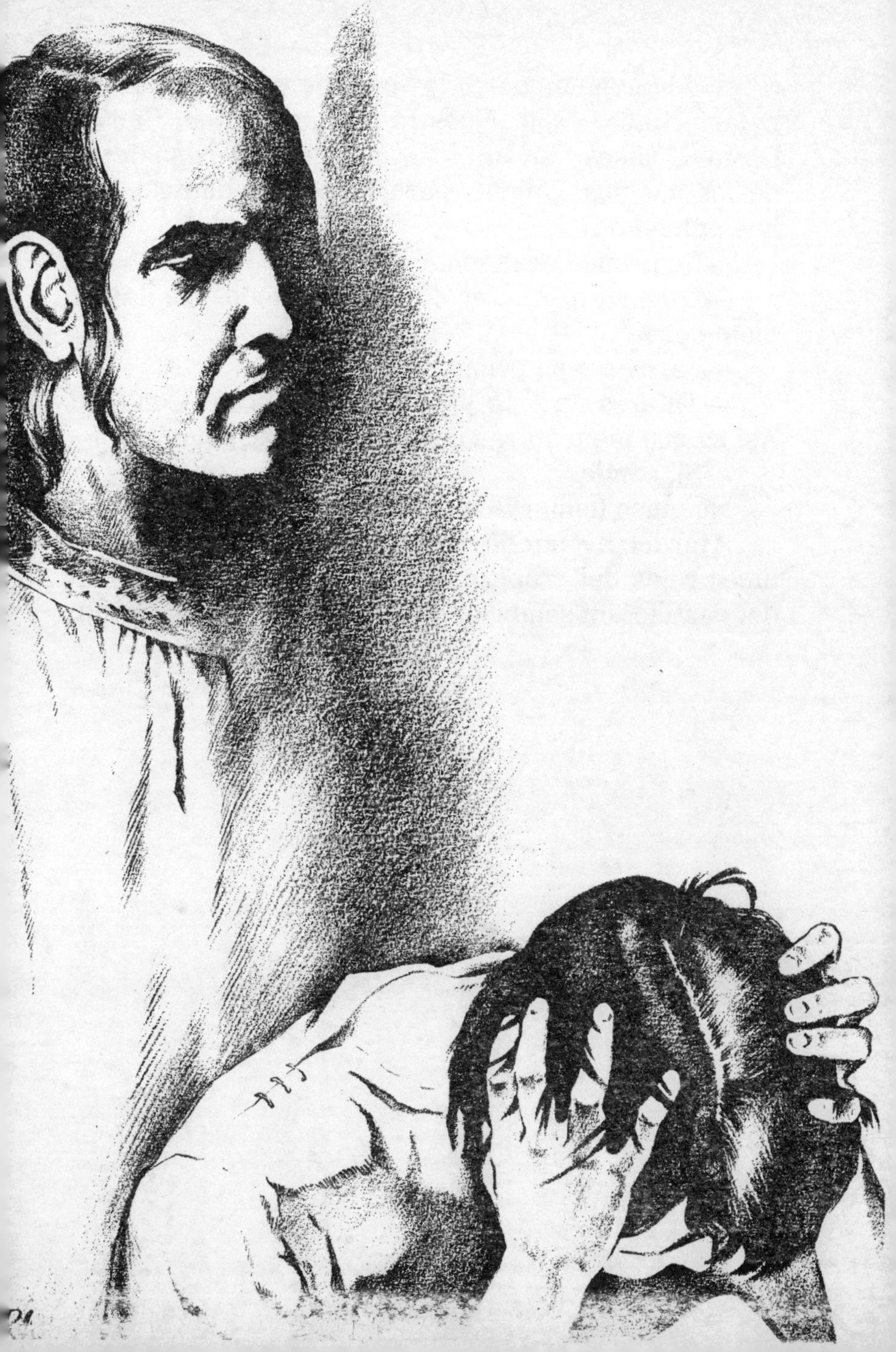

muerto luchando contra los infieles y al lado del rey. Estará ahora con Nuestro Señor y sus Santos. Diremos misas por su alma en todos los monasterios de los campos Góticos, pero ¡basta de llantos! ¿Me has entendido?

—Sí, primo Fernando.

—Otra cosa. Allí, en el condado, todos me llaman buen conde.

—Pero eres mi primo.

—Tú eres un niño y yo soy el señor del condado. Así es que me tratarás con el debido respeto.

—Sí, conde.

No quise llamarle buen conde. No era bueno.

Atardecía cuando llegamos a Monzón. Y a las luces rojas del crepúsculo, me parecieron las torres del castillo tan sombrías y orgullosas como su dueño.

II

En el castillo de Monzón

En el feudo del conde Fernando Ansúrez, mi primo, pasé seis años. Allí dejé de ser un niño para iniciar mi juventud. Aprendí a cabalgar, a lidiar y a obedecer como un siervo. Y tuve que tragarme mis emociones y olvidar la música y los poemas que tanto me gustaban. Mi primo, el conde, sabía hacerse respetar.

Allí conocí el odio que todos los Ansúrez tenían a Fernán González, el Conde de Lara y de Burgos.

Tanto el conde como su hermana, la prima Teresa, aborrecían al de Lara, que decían había desplazado varias veces a los Ansúrez en el favor del rey.

Por aquellos días el conde concertó su boda con una princesa de la corte navarra que se llamaba como la vieja reina: Toda.

Emisarios de la corte de Pamplona entraban y salían de Monzón para acordar las condiciones de la carta de arras y los regalos de la dote.

Los forasteros decían que la princesa era muy

bella, con la piel pálida y el pelo claro y los ojos como las aguas de los ríos.

La prima Teresa se enfadó cuando lo supo. Me encontró en un corredor y deteniéndome por un brazo, ordenó:

—Ve a buscar al buen conde y dile que le aguardo en mis habitaciones.

Y el brillo de sus ojos y el remolino de su velo al marchar corredor adelante, me dijeron que tenía un humor de tormenta. Era una muchacha muy hermosa, con el cabello negro y el mismo sombrío fuego que tanto me atemorizaba en su hermano.

Encontré al conde revisando las ballestas de las almenas. Le llamé:

—Conde Fernando, doña Teresa os aguarda en su cámara.

Se me quedó mirando con una fría sonrisa.

—Ahora voy. —Dejó las ballestas y comenzó a bajar conmigo las escaleras del torreón—. ¿Por qué nunca me llamas buen conde?

Levanté la cabeza. En seis años nunca me lo había preguntado. Y ya no era un niño lleno de miedo. Había crecido y aprendido a callar y a hablar.

—Porque no lo sois.

—Si no te llamaras Assur Ansúrez juraría que no eres de nuestra familia. Nosotros tenemos sangre en las venas. ¿De dónde sacas esa calma?

Le contesté sin volver la cabeza:

—De todos los gritos que dais vosotros.

El conde rió:

—¡Vaya con el niño!

Entró en la habitación de su hermana y cerró con uno de aquellos portazos que levantaban ecos en los corredores. Las voces atravesaban la gruesa hoja de madera.

—¡No soportaré ser la segunda en esta casa!

—¡Yo tengo derecho a casarme! —gritó el conde.

—Pues búscame un marido a mí también.

—Todo a su tiempo, hermana. Todo a su tiempo.

Seguí pasillo adelante. Seguirían discutiendo durante mucho tiempo.

La boda se celebró, primero por poderes y luego se ratificó en la capilla del castillo cuando doña Toda llegó a Monzón. Era en verdad muy bonita, aunque resultaba disminuida ante la belleza morena y batalladora de la prima Teresa. Sin embargo, al conde le agradó mucho su esposa y le demostró su cariño tratándola con toda la dulzura de que era capaz.

A pesar de ello, los primeros días, doña Toda parecía atemorizada en el castillo y una mañana me buscó en el jardín único sitio donde se podía encontrar calma para leer.

Se sentó a mi lado:

—¿Qué hacías, Assur?

—Leer, señora.

—No es ocupación para un caballero.

—A mí me gusta, señora.

—¿Por qué me tratas con tanta ceremonia? ¿No somos primos?

—Son órdenes del conde, doña Toda.

—¿Es muy severo?

Me levanté con disgusto. Yo no estaba allí para criticar al conde y menos con su mujer.

—Perdonad; el conde es vuestro esposo y yo vivo en su casa.

—Ya Assur, y yo no quiero censurarle. Es que tengo algo de miedo. ¿Son siempre así? Tan serios, tan orgullosos, tan irritables... Y gritan y golpean las mesas y las puertas, y los siervos se esconden y tú callas. ¿Qué pasa?

Sonreí:

—Es el genio de los Ansúrez, doña Toda. Tienen la palabra viva y son difíciles de tratar. Pero muerden menos que ladran.

Y me fui.

Finalizaba agosto. El trigo estaba recogido y los labriegos celebraban sus fiestas. Hacía calor y había paz cuando murió el rey Ordoño, el hijo mayor del rey Ramiro, el vencedor de Talavera.

Doña Toda dijo durante la cena:

—Mi abuela, la reina Toda de Navarra, me ha enviado un mensajero. El hijo segundo del rey Ramiro debe suceder a su hermano.

Teresa comentó:

—Esa vieja navarra quiere gobernar en todos los reinos cristianos.

—¡Calla Teresa! —el conde había alzado las manos—. Si Navarra quiere la alianza de los Ansúrez, la tendrá.

—¿Por qué? ¿Porque te casaste con una navarra?

—Porque el príncipe Sancho es el segundo hijo de nuestro rey Ramiro, aunque además sea nieto de la reina de Navarra. Y al morir su hermano, el trono le corresponde. Es bastante razón. Yo no sostendría guerra contra mi rey aunque lo mandasen todas las reinas del mundo.

—Mi tío, el conde Fernán González, también apoya al príncipe Sancho —intervino doña Toda.

El conde saltó como si le hubiesen pinchado.

—¿Y a mí qué me importa lo que haga el de Lara? Día llegará en que todos ellos serán vasallos de nuestra familia y acudirán a besarnos las manos.

—Será dentro de muchos siglos —dijo Teresa.

—¿Callarás alguna vez? —gritó su hermano.

Teresa se levantó y habló con los puños apoyados en la mesa.

—¿Es que no digo verdad? ¿Qué has hecho tú para superar al Conde de Castilla? —utilizaba el título que más molestaba a su hermano—. ¿No era suegro del rey Orduño? ¿No le quedan hijas para casarlas con el nuevo rey? ¿No firmas tras él en todos los documentos? Yo no soy más que una mujer, pero ¡si me dejaran!

Dio media vuelta y salió del salón arrastrando furiosamente tras de sí la cola de su brial.

El conde Fernando sonrió a su esposa a través de la mesa. Y la sonrisa parecía rara en sus labios finos de gesto duro.

—No le hagas caso. Es su carácter. Puedes comunicar al enviado de tu abuela que la casa de los Ansúrez besará la mano del rey Sancho.

Doña Toda me contempló con ojos pensativos. Jugueteaba con su cuchillo y con el trozo de pan que le había correspondido. Al fin levantó sus ojos claros.

—No es bueno dar algo por nada. Podrías pedir alguna cosa. Por ejemplo, Assur podría ser paje del nuevo rey.

El conde levantó la cabeza como si viese a su mujer por primera vez.

—¡Qué buen negocio hice al elegirte por esposa!

Doña Toda bajó la cabeza con la cara encendida de satisfacción.

—Las mujeres entendemos de estas cosas. Y yo soy ahora una Ansúrez y mi obligación es velar por esta casa.

III

Paje del rey don Sancho

Nadie me preguntó mi opinión. Se dio por descontado que mi gusto sería servir al futuro rey de León, si mi primo, el buen Conde de Monzón, lo disponía así.

Se iniciaba noviembre y los vientos del Norte sacudían el campo. El conde Fernando estaba con doña Toda y doña Teresa en León; habían asistido a las fiestas de la coronación en Santiago de Compostela. Entonces se recibió el correo: «El infante don Sancho Ramírez, coronado rey Sancho de León, estaría muy satisfecho de tener a su servicio personal a Assur Ansúrez.»

Recogí mis ropas, mis libros y mis armas. Me despedí del capellán, de los escuderos y los criados y emprendí, acompañado de un criado, el viaje a León.

Hacía mucho frío. De los montes bajaba un viento de nieve que cortaba la cara y hería los ojos.

Debajo de mi capa forrada de pieles de conejo, mi corazón latía alegremente. De aquel niño, moreno y espigado, que llegara a Monzón montado en una mula no quedaba nada. Ahora montaba un buen caballo y podía sostener cualquier combate con cualquier arma.

Aunque seguían sin gustarme las peleas. Yo no había sido feliz en Monzón.

Según iba viendo desfilar ante mis ojos las llanuras fértiles de los Campos Góticos y cambiar el paisaje al entrar en León, me hice una promesa: Jamás volvería a vivir en el castillo de Monzón. Cuando me armasen caballero, me iría a mi castillo de Cea y llenaría de voces y alegría sus viejas piedras abandonadas.

Dimos vista a León, la ciudad regia, una mañana de diciembre, tan blanca y tan fría como la nieve que blanqueaba los tejados. Me sorprendió la ciudad; no había imaginado que una ciudad pudiese ser tan hermosa con tantas iglesias y palacios.

Fuimos a la casa de los Ansúrez en León donde el conde me estaba aguardando. Allí me lavé y cambié de ropa, pues el conde quería presentarme al rey en la audiencia del mediodía.

Llegamos pronto al palacio que a partir de aquel día iba a ser mi nueva casa. Era una fortaleza de piedra amarilla rodeada de jardines. Y de nuevo me quedé asombrado de los mármoles, las alfombras y tapices que adornaban las salas. Todo lo mejor de los reinos de España se había reunido allí.

Subimos la gran escalinata y un heraldo nos anunció por los salones. Y entramos en una estancia llena de caballeros y damas.

El conde saludó a unos y a otros y me presentó a varios señores. Uno de ellos, Diego Muñoz, creo que se llamaba, sonrió al oír mi nombre:

—¡Un hijo de Assur González! No sabía que lo hubiera. Soy el Conde de Saldaña, tu vecino, muchacho —se volvió con rapidez a mi primo—. El Conde de Castilla se alegrará de conocerte. ¡Fernán!

Me erguí expectante. Al fin iba a conocer a Fernán González, el odiado enemigo de mi familia, a quien era mejor no nombrar en el castillo de Monzón.

Vi acercarse un hombre de unos cincuenta años, alto y delgado, moreno, sin barba, con los ojos oscuros y una lucecita burlona bailándole en las pupilas. Le acompañaba una mujer rubia y frágil y unas niñas.

El Conde de Saldaña nos presentó, satisfecho.

—Conde, éste es Assur Ansúrez, hijo del Conde de Cea. Assur, aquí tienes al Conde de Castilla, su esposa Sancha, sus hijas Fronilde y Toda y su sobrina Flámula.

Doña Sancha se adelantó con una sonrisa:

—Enhorabuena, conde de Monzón. Me dijeron que os habíais casado con mi sobrina Toda. Hace mucho tiempo que no la veo, pero era una niña muy bonita y estoy segura que será una mujer muy bella.

Mi primo se inclinó sin pronunciar palabra ante la mujer de Fernán González. Ahora, mirándola más despacio, se veía que tenía los mismos ojos color aguamarina de la mujer de mi primo. Pero el Conde de Castilla me estaba hablando.

—¡Cuánto me alegro de conocerte! Me acuerdo

de tu padre. Era un gran caballero y sentí mucho su muerte.

No me volví a mirar a mi primo. Sabía que estaba furioso con aquella escena, pero Fernán González era el primero que me hablaba con elogio de mi padre en seis años y estreché agradecido la mano que me tendía.

Era una mano fuerte de dedos de acero que casi deshizo los míos. Oí que, a mi espalda, mi primo mascullaba algo y se iba.

Fernán González contempló su marcha con una sonrisa de buen humor.

—Me había olvidado que somos enemigos, Assur. Pero ¿no podemos disimular un poco? Yo estimé a tu padre.

Miré de frente al Conde de Castilla. No parecía un hipócrita.

—Yo no soy vuestro enemigo... todavía.

—¡Bien hablado! Aunque llamándote Assur Ansúrez, no creo que tardes mucho.

El Conde de Saldaña intervino:

—Assur viene a León como paje del rey Sancho.

Fernán González asintió, súbitamente serio:

—Ya veo que el Conde de Monzón no pierde el sentido —cambió de expresión—. ¿Ayudarás al rey a calzarse? Seguro que solo no puede.

Y se volvió al Conde de Saldaña:

—¿Sabes cómo lo llaman los villanos de Burgos? Sancho el Gordo.

Me extrañó tanta falta de respeto al rey, pero en aquel momento abrieron las puertas del gran salón del trono y no pude preguntar nada. Todos los caballeros pasaron.

Entonces comprendí la razón de los comentarios de Fernán González. El rey Sancho era entonces muy joven. Tenía veinticinco años pero era una bola de grasa; los brazos le colgaban a ambos lados del sitial ya que no podía cruzarlos sobre el pecho; las piernas eran tan gruesas como troncos de árboles y no tenía cuello; la cabeza se perdía entre las arrugas de la carne, mientras los ojos eran dos diminutas bolitas brillantes que parecían incrustradas entre la grasa de la cara.

Nos inclinamos ante el rey y mi primo dijo:

—Señor, éste es Assur, hijo de Assur González, mi primo, y desde hoy, si es vuestra voluntad, vuestro paje, para que a vuestro lado aprenda los usos de los caballeros.

Pensé que al lado de aquel rey era imposible que aprendiese otra cosa que no fuera comer.

Entonces el rey habló. Y su voz era baja y ronca, como ahogada, y tenía que detenerse de cuando en cuando por la fatiga.

—Me alegro de que esté a mi servicio.

Me acerqué a besarle la mano. Era redonda y blanda, húmeda de sudor y llena de sortijas enterradas en los dedos.

Salimos de la sala y mi primo se despidió:

—Me voy con Toda y Teresa. Confío en que te comportarás bien en tus obligaciones y cuidarás de los intereses de la familia.

—Procuraré hacerlo, primo Fernando.

Ya se marchaba cuando dio media vuelta sorprendido:

—¿Ya no soy conde Fernando?

Me encogí de hombros.

—Ya no estamos en Monzón.

Y me fui tan deprisa, antes de que estallase su genio, que al doblar la esquina del corredor casi tiré a alguien contra la pared.

Me detuve, avergonzado y balbuceando excusas y entonces reconocí a una de las niñas que iban con Fernán González.

—Perdonadme, sois... —me detuve dudando.

Saludó sonriendo:

—Lambra Ramírez.

Por la mañana apenas me había fijado en ella. Era más joven que sus primas, rubia, de un tono cálido como el del trigo maduro y con los ojos del verde profundo de la hierba nueva y de las esmeraldas. Era alta, pero debía ser muy niña porque tenía las trenzas sueltas y no llevaba ni velo ni cofia.

Repetí:

—¿Lambra? El Conde de Saldaña no os llamó así.

—Lo sé. Me llamó Flámula, pero en Castilla decimos Lambra. Soy hija de Ramiro González, el hermano menor del Conde de Castilla.

Me incliné.

—Siento haberos empujado.

Rió ante mi cortesía.

—Os perdono, desde luego. Y para demostrarlo, si no tenéis trabajo os enseñaré los jardines.

—¿Con el frío que hace?

—¿Tanto miedo tenéis?

Yo no temía al frío en absoluto. En Monzón estaba acostumbrado a escaparme al bosque en pleno invierno cuando la nieve blanqueaba los árboles y el silencio era tan grande que se oían los chasquidos de las ramas al quebrarse bajo la carga de hielo.

Los jardines del rey no estaban muy alegres en aquel día de diciembre en que del aire parecía desprenderse una bruma blanquecina y helada, pero ni a Lambra ni a mí nos importó y estuvimos jugando con la nieve hasta que sofocados y con la cara enrojecida nos sentamos en las escaleras riendo.

—¡Qué bien lo he pasado! —dijo Lambra—. Estaba harta de todos esos señores tan tiesos de ahí arriba. Me daba risa verlos hacer reverencias a ese rey tan gordo. ¡Y tú le has besado la mano!

Se rió quedamente al recordar la escena. De súbito una sombra cruzó por sus ojos.

—¿Eres mi amigo?

Afirmé:

—¡Claro!

Sacudió la cabeza, dudosa.

—Eres de Villasur y yo de Lara.

—¿Y eso qué importa? Deja que los hombres mayores peleen sus batallas. Nosotros no tenemos la culpa. Yo no heredo odios, sino un apellido.

Se volvió a mirarme con la cara iluminada, y levantándose tiró de mí escaleras arriba.

IV

Huida a Navarra

Siguieron los días. Yo me había hecho cargo de mi trabajo y atendía a aquella bola de carne y grasa que era el rey; con los otros pajes le ayudaba a levantarse y a vestirse, le servía el desayuno, le acompañaba a la sala de audiencias y estaba tras su sitial en las comidas.

Era un raro servicio porque era paje y niñera al mismo tiempo. El rey Sancho no se podía valer para muchas cosas y era preciso hasta ayudarle a caminar.

Yo le dije a Lambra una tarde:

—Estoy esperando el día en que tengamos que darle de comer. No podrá sujetar la cuchara con la mano como siga así.

Lambra reía.

—¿Ha engordado más?

—Yo creo que engorda todos los días. Desde que es rey de León ha debido ganar diez libras cuanto menos. Su abuela navarra debía racionarle la comida y ahora se desquita.

Estábamos en una de las galerías, apoyados en un ventanal, viendo cómo un sol amarillo y tibio deshelaba los tejados. En los meses pasados, Lambra y yo habíamos afianzado una buena amistad. Ella,

como yo, no había estado nunca en la corte, y aunque vivía en casa de su tío, los primos, eran mucho mayores y también con ellos se encontraba sola. Y era alegre como una campana y tan bonita como una flor. Además sabía mucho más que yo de los complicados secretos de la política de los condes y del rey. Y también conocía a mi familia mejor que yo mismo.

—¿Sabes que los villanos no quieren al rey?

Negué con la cabeza. Siempre me sorprendía cómo lograba enterarse de estas cosas.

—¿Por qué?

—Porque no puede montar a caballo y un rey debe de ser el mejor en todo. Tío Fernán dice que para gobernar a hombres libres, hijos de Dios, hay que ser más sabio y más valiente que ellos. Si no, el hombre libre no acepta el vasallaje. ¿Lo entiendes? Y este rey no es más sabio que mi tío Fernán, por ejemplo, ni mejor guerrero que tu primo o mi tío. Si el rey no es el mejor en todo, como debiera ser, ha de considerarse el primero en algo. Y si además es peor que los otros hombres... —movió la cabeza dudosa—. Además dicen que va a aumentar los impuestos. Y los villanos de Burgos y Lara no van a soportarlo. Tío Fernán les dio fueros y están ahorrando para ser caballeros.

—¿Cómo dices? Un villano no puede ser caballero jamás. Los caballeros son únicamente hijos de caballeros.

Lambra me miró irritada.

—¡No digas eso! No entiendes nada. ¿En qué sitio

de Castilla has vivido tú? En Castilla todos pueden ser caballeros. Dice mi tío Fernán que los hombres se distinguen por sus obras y no por su nacimiento. Es muy cómodo ser labrador en León o en Galicia donde nadie estorba el trabajo, y es muy distinto serlo en Sepúlveda donde hay que trabajar con la espada al cinto. Por eso, mi tío da fueros y quita impuestos a los hombres de la frontera. Y el que puede comprar un caballo, es caballero y deja de ser villano. Y sus hijos son caballeros también.

—Pues habrá muchos.

—¿Y qué importa? Más hombres a luchar contra el moro. Además los caballos son muy caros y es preciso trabajar mucho y ser inteligente para lograr ahorrar lo necesario. No todos pueden hacerlo.

—Por eso dicen que habláis mal; porque hay muchos villanos entre los caballeros castellanos.

—Eso es una tontería, Assur. En León se empeñan en que nada ha cambiado y que todo sigue igual que cuando reinaba el godo Rodrigo. Han pasado muchas cosas y no es posible hablar como entonces. Los hombres cambian y las palabras también. Y las leyes. ¿Crees que un labrador de la frontera puede ir a León a resolver un pleito de límites con un vecino? ¡No!, acude a su conde, que conoce sus tierras y juzga lo que es de justicia según su sabiduría y la costumbre. Y en León dicen: «los castellanos son rebeldes». No, lo que pasa es que en León son viejos y están llenos de polvo.

—¿Que estamos empolvados? ¿El rey también? Vasalla desleal eres, Lambra Ramírez.

Nos volvimos asustados. A nuestras espaldas, apoyado en el muro del corredor, estaba Fernando Ansúrez, mi primo, y sus ojos negros echaban chispas. No podíamos saber desde cuándo estaría allí.

Lambra estaba muy pálida y creo que yo también. Conocía lo suficiente al rey para saber de su cólera, aquella rabia ahogada por el asma que le acometía de cuando en cuando.

Y si Fernando Ansúrez denunciaba ante el soberano a la sobrina del Conde de Castilla, Lambra podía ir presa a un convento para toda su vida y el conde caería en desgracia.

Sólo tenía que exagerar algo.

Y mi primo odiaba demasiado a Fernán González para dejar pasar la ocasión.

Intervine:

—Primo Fernando, nosotros no censurábamos ni al rey ni a León.

—¡Tú te callas! Deberías avergonzarte. Un Ansúrez no hace amistad con la hija de Ramiro González. ¡Una traidora al rey!

Lambra parecía muy asustada, pero se adelantó con la cabeza alta.

—De mi lealtad responderé ante el Conde de Castilla, mi señor, y ante el Rey de León, que gobierna sobre todos nosotros, y no ante vos, Conde de Monzón.

Y había tanta dignidad en los ojos verdes de Lambra, que mi primo dio media vuelta y marchó como un torbellino por el corredor.

Suspiré aliviado:

—Ya pasó todo, Lambra. ¡Lambra!

Mi pequeña amiga se había dejado caer al suelo y lloraba como la niña que era.

—¡No llores! Si has dejado a mi primo sin saber qué decir... Y eso no sucede con frecuencia.

Cogida de un brazo, casi en vilo, la llevé por los pasillos y galerías hasta que encontré al Conde de Castilla.

Fernán González me arrebató a su sobrina de entre las manos. Y su cara expresaba tal disgusto, que yo, aun acostumbrado a los gritos del castillo de Monzón, me estremecí.

—Assur Ansúrez, ¿qué le ha ocurrido a Lambra?

Pronunciaba las vocales de una manera tajante, como yo había oído hacer a los villanos. Ahora no se cuidaba de su manera de hablar como cuando estaba ante la corte. Y en sus labios mi nombre sonaba como un insulto.

Lambra dijo:

—No te preocupes, tío Fernán.

—He preguntado a Assur.

Levanté la cara para que Fernán González pudiese verme los ojos al responderle.

—Estábamos hablando de Castilla y de los castellanos. Pasó mi primo, nos oyó y dijo que Lambra era desleal y que la denunciaría al rey. Eso es todo.

Los dedos del conde jugaban con la gruesa cadena de su cuello. Comprendí que se había hecho cargo de todo el peligro.

—Acabo de solicitar licencia del rey para volver a mis tierras. Mi mujer está enferma. Además —dudó un momento— este rey no me gusta y no gusta a mis castellanos. No quiero estar en León cuando estalle la revuelta que se avecina. Me iba a marchar dentro de unos días. Adelantaré mi partida, y así el Conde de Monzón no tendrá tiempo para actuar. Gracias, Assur.

—No debéis darlas, señor.

—¿Por qué? ¿Porque eres un Ansúrez? En Lara y en Burgos siempre habrá un lugar para ti. Palabra de Fernán González.

Se marcharon de León y yo me quedé solo con mi pesada tarea, viendo pasar los días y los meses. Cada día el rey Sancho estaba más gordo y cada hora le quería menos su pueblo. Además era muy suspicaz de carácter y por cualquier contrariedad estallaba en aquellas cóleras que todos temíamos y que le enrojecían el rostro y le ahogaban las palabras.

Transcurrió un año. El descontento de las gentes aumentaba y llegaba hasta el palacio del rey. A Sancho sólo le retenían en el trono las tropas de su primo, el príncipe Sancho Garcés de Navarra.

Poco a poco el rey Sancho se iba quedando solo. En la primavera, mi primo pidió licencia para regresar a su tierra; la disputa con los castellanos por las fronteras se había convertido en guerra. Y en la corte se decía que los gallegos habían elegido otro rey: un primo de Sancho, el hijo de Alfonso el Monje, el que fuera hermano del rey Ramiro.

Al fin, el rey Sancho decidió, aconsejado por los navarros, emprender el regreso a Pamplona. Se llevaría con él toda su casa. Yo pasé algunos días pensando lo que debía hacer. Casi todos los pajes habían vuelto con sus familias, igual que los nobles. Pero yo había jurado vasallaje al rey y debía seguirlo en su suerte y su desgracia. Por otra parte, si dejaba el servicio del rey, tendría que volver con mis primos de Monzón, puesto que alegarían que era demasiado joven para ocupar mi heredad.

Al fin decidí que lo más honrado era hacer honor a mi promesa de vasallaje. No me parecía leal dejar al rey cuando éste tenía que abandonar León.

Dejamos León en el mes de mayo. El príncipe Ordoño, el hijo de aquel Alfonso que dejara la corona para encerrarse en un monasterio, se había coronado rey en Compostela. Figuraban en su corte todos los condes gallegos. El pueblo estaba contento porque el rey gordo tendría que marcharse. Mi primo seguía encerrado en Monzón al igual que los otros condes castellanos. Soplaban malos vientos en la corte.

Camino de Pamplona, atravesamos toda Castilla. Formábamos una larga comitiva: los pajes, los escuderos, los servidores y los nobles que habían seguido al rey, los soldados navarros que habían sido su guardia personal desde su coronación y la litera donde iba Sancho el Gordo.

Al ver pasar a Sancho —los portadores de la litera se renovaban cada media hora— rodeado de su guardia navarra, los villanos le miraban indiferentes y seguían su trabajo. A mí me parecía más un preso que un rey.

La primavera asomaba por toda la tierra. ¡Y qué hermosa era Castilla! El campo estaba verde y todos los árboles en flor. En los ríos, el agua cantaba la canción nueva de la vida y los peces parecían relámpagos de plata en la corriente.

El primero de junio dimos vista a Pamplona. Relucía dorada bajo el sol que arrancaba chispas a las piedras de las calles. Fuimos directamente al palacio del rey, donde doña Toda, la vieja reina, y el rey García, su hijo, nos estarían esperando.

El palacio era pequeño y más pobre que el de León, pero daba sensación de fortaleza. Los de la escolta nos fuimos a buscar nuestras habitaciones y a quitarnos el polvo del camino, mientras unos servidores de palacio ayudaban al rey Sancho a subir las escaleras que llevaban hasta las habitaciones de su abuela y de su tío.

Me vinieron a buscar cuando me estaba lavando.

—¿Tú eres Assur Ansúrez? —preguntó un paje—. La reina doña Toda quiere verte.

Le seguí por los corredores preguntándome qué querría de mí la anciana navarra de la que toda España hablaba. Había sido la esposa de Sancho Abarca, el rey navarro. Lo llamaron Abarca porque su señorío era tan pobre que vestía con pieles y abarcas como los hombres de las montañas. Sin embargo, en lucha contra los moros había logrado engrandecer su señorío y hacerle importante entre los reinos cristianos. De doña Toda se decía que cabalgaba al lado de su esposo en las batallas y que repartía mandobles con la espada como un guerrero.

Los juglares cristianos cantaban romances comparándola con las valquirias de los poemas del Norte y los árabes le habían dedicado un lugar preferente en sus crónicas. Había tenido muchas hijas y procuró casar a sus hijas con los principales señores de los reinos cristianos. Hija suya había sido Urraca, la mujer del rey Ramiro, y también era hija suya doña Sancha, la mujer del Conde de Castilla, y era su nieta doña Toda, la esposa del Conde de Monzón.

Me hicieron pasar al salón donde estaba la anciana señora y su hijo. En realidad quien seguía gobernando Navarra era doña Toda.

Era una anciana alta y majestuosa, con una cofia blanca que cubría sus cabellos canos y los ojos de un azul muy claro, hundidos entre las arrugas de su cara. Debía de haber sido muy bella y conservaba su porte erguido y un gesto que inspiraba respeto.

Me incliné profundamente y aguardé que hablara.

—Mi nieto Sancho me ha dicho que eres Assur Ansúrez. ¿Cómo está mi nieta Toda?

Entonces me di cuenta de que Sancho el Gordo estaba derrumbado en un sitial en un extremo de la sala. Respiraba fatigosamente. La entrevista con su abuela debía haber sido tormentosa.

—Doña Toda se encuentra bien, señora.

—Me alegro que seas paje de mi nieto Sancho y me alegro de que lo hayas seguido a Pamplona. La lealtad no es algo corriente en estos días. Ya no hay amigos fieles ni mucho menos vasallos fieles. Gracias, Assur Ansúrez. Te lo tendremos en cuenta.

Hizo una pausa. De no ser por sus arrugas y sus cabellos blancos, nadie hubiese dicho que tenía más de setenta años.

—Ahora quiero que tú, que eres leal, me digas con palabras leales por qué han expulsado a mi nieto Sancho de su trono de León. Y por qué se ha sublevado mi yerno Fernán González.

Yo tragué saliva.

—Los castellanos no quieren al rey Sancho, señora —empecé—. Quieren un rey que pueda ir delante de todos ellos a pelear contra los moros. Y han contagiado su mal querer al resto de los leoneses y gallegos. No quieren como rey a un inválido, que, como el príncipe Sancho, tenga que ser llevado en brazos de sus hombres. Y además los castellanos quieren un rey justo sobre ellos, que les deje libertad. Son hombres que tienen en mucho sus leyes y fueros.

Sancho el Gordo intervino desde su rincón:

—¡No callarás, Ansúrez del demonio! Yo...

Las palabras se quedaron en su garganta como sucedía siempre que se irritaba.

Doña Toda levantó una mano.

—¡Te callarás tú, Sancho! Yo he mandado hablar a Assur.

—¡Pero es mi paje! Me debe respeto —balbuceó Sancho.

—Precisamente porque te debe respeto ha hablado como lo ha hecho. Debes de aprender que un vasallo no es un esclavo.

—Si es mi paje, va a dejar de serlo.

—¡Estás loco, Sancho! No conoces a los castellanos. No puedes despedir de tu servicio a un Ansúrez, cuando tu prima está casada con el jefe de la familia, sin tener un motivo muy justificado. Hasta las piedras de los castillos se levantarían contra ti y jamás volverías a ser dueño del reino.

—¿Es que volveré a León alguna vez?

—¿Y por qué te crees que estás aquí? Te dije cuando saliste de Pamplona que tenías que vigilar tu comida; a los castellanos no les gustan los hombres demasiado comilones. Te advertí que tenías que olvidar tus arranques de ira, porque a los castellanos les gustan los hombres serenos y justos. Para ellos es más héroe el hombre justo que el gran guerrero. ¿Te has olvidado cómo reverencian a sus jueces?

—¿Y a mí qué me importan los castellanos? ¿No iba a ser rey de León? ¿Qué importa un condado de mi reino?

Doña Toda hizo un gesto de fatiga y miró a su hijo García que había estado silencioso durante toda la entrevista.

—Díselo, hijo.

García, el rey de Navarra, habló pausadamente:

—El fermento de León es Castilla. Ni los godos ni los romanos pudieron dominar a los bárdulos, y esos han sido los fundadores de Castilla. Tienen ideas nuevas. Si Castilla no acepta un rey, los leoneses, los gallegos y los asturianos acabarán rechazándole también. ¿No ha sucedido así? ¿No has dicho eso, Assur?

—Sí, don García —intervine—. Pero creo que la gordura de vuestro sobrino es una enfermedad. No es posible engordar así por mucha comida que se tome. Tal vez los médicos lograrían curarla. Y si pierde la gordura, los castellanos le aceptarían de nuevo, creo yo.

Doña Toda dio una palmada.

—¡Esa es la idea! ¡García! ¡Que avisen a los mejores físicos! Voy a enseñar yo a Fernán González y a sus castellanos a despreciar a mi nieto. Gracias, Assur Ansúrez. Creo que podrías dejar de ser paje para convertirte en caballero. Ya tienes la edad suficiente. Lo estudiaremos. Y si alguna vez tienes necesidad de amigos, los reyes de Navarra lo serán.

Me incliné y me retiré del salón del trono. No tomé demasiado en serio la oferta de armarme caballero. Había aprendido ya que los hombres prometen muchas cosas que luego se olvidan de cumplir. Y aquella noche me dormí pensando que primero Fernán González y ahora doña Toda me habían ofrecido su amistad y protección. Yo no creía ser ningún ser especial, digno de grandes cuidados.

V

Caballero de Navarra

La reina Toda no encontró en toda Navarra médicos capaces de curar al rey Sancho el Gordo. Y entonces alguién le habló de Córdoba y de los sabios médicos que vivían en la corte mora.

Yo lo supe por el príncipe Sancho Garcés, el navarro que viniera a León con la escolta del rey gordo y que había hecho bastante amistad conmigo.

—Assur, mi abuela quiere aliarse con el califa Abderramán en contra de Fernán González.

—¡No es posible! —le contesté—. La Reina de Navarra no puede aliarse con los enemigos de los reinos cristianos.

Estábamos en el patio del palacio. El príncipe Sancho Garcés era joven y le gustaban las luchas y los torneos. Era un gran guerrero y había encontrado un buen adversario en mí, que por mi educación en Monzón conocía todos los secretos del arco, la lanza y la espada.

Sancho Garcés había colocado la silueta de un hombre a caballo en un extremo del patio y disparaba grandes flechas con un arco casi tan largo como él.

Ahora se había vuelto y me miraba fijamente. Y cuando habló había algo de amargura en su voz. Los manejos políticos de doña Toda no cuadraban con su espíritu recto y joven.

—Mi abuela hará cualquier cosa para ver a mi primo de nuevo en el trono de León. La humillación de su huida todavía le escuece.

Yo cogí mi arco pero no llegué a disparar.

—¿Y para qué necesita a los moros? ¿No tiene Navarra suficientes soldados para la guerra?

El príncipe Sancho dejó su enorme arco en el suelo y caminó hasta uno de los muros del patio. Allí se sentó en el suelo mirando con tristeza las golondrinas que daban vueltas en el cielo. Yo me senté a su lado.

—Los médicos dijeron a mi abuela que los únicos que podían curar al primo Sancho eran los médicos judíos de Córdoba. Así es que se mandaron embajadores y esta mañana ha llegado el médico personal del Califa con la respuesta. Dice que se llama Hasdai y que puede curar fácilmente al primo Sancho. Pero que lo hará en Córdoba. Abderramán exige que la reina y su hijo vayan con Sancho a Córdoba y allí concierten alianza con él. Sancho entregará siete plazas de la orilla del Duero en cuanto sea rey, y a Fernán González en cuanto le tengan preso. A cambio Abderramán armará un ejército que ataque Castilla por el Sur.

Calló. Yo murmuré:

—¡Qué vergüenza!

Sancho Garcés no dijo nada. El plan era infame y humillante. Y en el fondo de todo latía el odio contra el Conde de Castilla.

—¿Quién ha pensado esto?

El príncipe se encogió de hombros.

—¿Y qué más da? Hasdai, el judío médico, dice que es pensamiento de su señor.

—¿Y qué harán tu padre y tu abuela?

—Mi abuela se indignó, pero estoy seguro que acabará pagando el precio que le piden. Y ese Hasdai es listo. Lo encontrarás esta noche. Como ya no eres un paje, sino un futuro caballero, estás invitado al banquete.

—¿Y tu padre?

—Mi padre es rey sólo de nombre. No hará nada más que lo que diga la abuela.

Anochecía cuando nos retiramos a nuestras habitaciones.

Aquella noche me vestí con esmero, poniéndome mi túnica de terciopelo bordado y mi mejor cadena de oro.

Y entré en el gran salón.

Cientos de luces de aceite daban una suave claridad a la inmensa sala y hacían rebrillar las cucharas y los cuchillos de plata.

Pronto vi a Hasdai, el médico. Estaba sentado al lado de doña Toda y susurraba algo en su oído que le hacía sonreír. Era un hombre delgado, ya maduro, con unas manos largas y expresivas y la piel color oliva. Tenía los ojos oscuros e inteligentes y la larga nariz de los de su raza. El pelo y la barba eran rizados y vestía la túnica de los árabes y un albornoz blanco. A su lado, y formando sin duda parte de su séquito, había un hombre que me llamó la atención; era más bajo y más fuerte que Hasdai y daba la curiosa impresión de ser igual de ancho que alto. Tenía una gran nariz curvada como el pico de un águila y los ojos muy redondos.

Noté que alguien se detenía tras de mí. El príncipe Sancho había entrado.

—¿Qué miras?

—¿Quién es el hombre sentado al lado del judío?

El príncipe me dirigió una extraña mirada.

—¿No lo conoces? Es Froila Vela y viene de Córdoba.

—¿Froila Vela?

El navarro se echó a reír.

—¿Qué clase de Ansúrez eres que no conoces a los Vela? Si alguien odia a Fernán González más que tu familia, ese alguien son los Vela. Eran Condes de Alava y al hacerse cargo el de Lara del condado de Castilla, prefirieron emigrar a ser vasallos de su enemigo. Hay algunos en León, pero Froila Vela llegó hasta Córdoba. Y desde entonces vive con el Califa. Y como es astuto como un zorro, Abderramán le tiene en gran estima. No todo el mundo sabe idear maldades. Y cuando se trama algo contra Fernán González, entonces, como el ángel malo, aparece Froila Vela.

Mascullé:

—¡Traidor!

Sancho Garcés volvió a reír.

—¿Y un Ansúrez lo dice? Es un traidor muy útil a los enemigos del Conde de Castilla. Vosotros lo sois —hizo una pausa— y ahora mi abuela también.

—Yo no —dije bajo.

No supe si me había oído. No parecía muy satisfecho con aquella enemistad, pero no pude comentar nada más. Los de la sala se levantaban de sus asientos para saludar al príncipe heredero de Navarra.

Desde la cabecera de la mesa, doña Toda, sentada entre el rey García y su invitado, nos llamó.

Detrás de Sancho Garcés me acerqué a la gran mesa. Doña Toda nos presentó.

—Mi nieto, Sancho Garcés, heredero de este reino. Y Assur Ansúrez, conde de Cea, vasallo de mi otro nieto y que le ha acompañado desde León —se volvió a nosotros—. Estos son Hasdai, médico, y Froila Vela, caballero castellano, embajadores del Comendador de los Creyentes ante nosotros.

Había tal nota de respeto en la voz de la orgullosa doña Toda que no pude contenerme y pregunté, hablando con todo el desprecio de que era capaz:

—¿Froila Vela, caballero castellano, embajador del Califa?

El aludido dio un salto dispuesto a replicar violentamente, pero el judío Hasdai habló primero.

—El mundo es muy ancho y en él ocurren cosas sorprendentes, Conde de Cea.

Tenía una voz clara y armoniosa y hablaba como si cantase, con un acento extraño y dulce que suavizaba las «ces» en «eses».

Sancho Garcés me llevó hasta mi asiento, colocado muy cerca del suyo, al lado del rey García. La cena se deslizó lentamente, con sus numerosos platos, bien regados con el vino rojo de la Rioja.

Cuando, a los postres, los trovadores hicieron su aparición, me levanté de mi asiento y salí a la galería a respirar el fresco de la noche que se colaba a través de los grandes arcos.

Me sentía algo pesado. A mí no me gustaban aquellas cenas tan largas y tan abundantes. Muchas veces las soportaba por la música y las canciones de los juglares que cerraban la fiesta, pero hoy ni de música tenía deseos. Los cocineros de doña Toda se habían excedido.

Me senté en la balaustrada de una de las arcadas que decoraban el muro exterior. La luna, en cuarto creciente, plateaba los pinos y se respiraba una paz dulce y alegre, como de jardín de monasterio.

Oí una voz a mi espalda.

—¿No te gusta la fiesta, Conde de Cea?

Me volví. Hasdai estaba allí, como una estatua con su albornoz blanco.

—Estoy algo cansado.

—¿Vendrás a Córdoba con doña Toda y su hijo?

—¡No creo que ellos vayan!

El médico sonrió.

—Irán. Doña Toda quiere la curación de su nieto y un ejército que le lleve hasta la orilla del Duero. Y quien quiere algo debe estar dispuesto a pagar su precio. Yo sé que doña Toda lo está.

—Si podéis curarle aquí, si sabéis el remedio que acabará con esa gordura asquerosa, ¿por qué imponer la obligación del viaje a Córdoba?

El judío seguía sonriendo. No parecían irritarle mis preguntas y me miraba como si poseyera toda la sabiduría del mundo.

—Podría decirte que en Córdoba tengo el remedio que le curará, pero no sería cierto. Irán porque el Comendador de los Creyentes me lo ordenó así y yo debo cumplir con mi deber. El Califa Abderramán quiere mostrar la corte cordobesa a sus aliados de Navarra.

—Esa es una alianza vergonzosa. ¿Por qué hacéis esto?

Hasdai avanzó hasta uno de los pilares y se recostó en él.

—Eres muy curioso, Conde de Cea. A los hombres nunca se les debe preguntar el porqué de sus acciones. Pero eres joven, quieres conocer la vida y los hombres y eso te disculpa. Y te voy a contestar. Hago esto porque soy el médico personal del Califa y me ha nombrado su embajador. Y si lo que preguntas es por qué vivo en Córdoba, te diré que soy judío y a los hijos de Israel nos da igual vivir con los cristianos que con los árabes. Los dos pueblos son en cierto modo de nuestra familia y los dos acuden a nosotros cuando necesitan oro o ciencia. Y también nos envían sus verdugos cuando necesitan víctimas. Israel es un pueblo perseguido desde el amanecer de los tiempos. Y como yo soy un hombre de ciencia, prefiero vivir donde la vida es más amable y tengo más posibilidades de acrecentar mi saber. Ese sitio es Córdoba, Conde de Cea. Te conviene conocer la mejor ciudad del mundo. Y cuando regreses a tu condado, en esa tierra fría que es Castilla, volverás lleno de ideas nuevas y serás mejor conde.

Calló. Yo me sentía avergonzado.

—Perdonad, Hasdai. No he debido de preguntar.

La sonrisa del judío se hizo más amplia y sus dientes brillaron muy blancos a la luz de la luna.

—¿Por qué? Si no se pregunta no se adquiere sabiduría. Te dije que los jóvenes deben preguntar.

Le hice una inclinación y me tiré galería adelante hasta mi alcoba. Hasdai volvió al salón, sin duda a terminar su trabajo con doña Toda. A mi pesar me sentía atraído por aquel hombre.

Al día siguiente todo el palacio sabía que doña Toda había aceptado las condiciones del Califa. Iría a Córdoba con su hijo y su nieto, el rey Gordo.

A mí me llamó muy temprano a su presencia. Estaba sola en una pequeña cámara, sentada ante un ventanal, bordando en su alto bastidor.

—Nuestro consejo ha decidido hacer una alianza con el Califa de Córdoba en contra de los castellanos, vasallos traidores de mi nieto Sancho. Como primera medida, el príncipe de Navarra atacará Castilla por la Rioja.

Se detuvo y yo me pregunté por qué me decía todo aquello. Pero muy pronto siguió hablando.

—Por tus servicios a mi nieto Sancho, hemos decidido armarte caballero, como ya te dije. Nos acompañarás a Córdoba.

Me incliné antes de protestar.

—Señora, soy castellano.

—¿Y qué? No se va a pelear contra tus vasallos, sino contra el Conde de Castilla. Y eso, imagino, es la mejor noticia para un Ansúrez. Y eso es todo.

Le hice la reverencia de protocolo, y sin replicar salí muy deprisa de la habitación.

Interiormente estaba furioso. De no ser por mis años de disciplina en Monzón, hubiera respondido a doña Toda, y la orgullosa reina navarra no toleraba insubordinaciones.

Me reuní con Sancho Garcés en el patío y mi cara tenía tal expresión que el navarro me preguntó qué me ocurría.

—Habrá guerra —le dije.

—¿Y eso te disgusta? Van a pelear contra Fernán González.

—¡Estoy harto! Harto de que todos esgrimáis mi apellido como una bandera de combate. Me llamo Assur Ansúrez pero no siento ningún odio contra Fernán González que no me ha causado ningún perjuicio. ¡Allá mi primo y el señor de Lara! Que ellos resuelvan su rivalidad por la primacía en Castilla. Yo considero estas guerras entre cristianos como estúpidas; y si tenemos deseos de pelea, en el Sur están los árabes. ¿Sabes lo que le costará a Castilla y a León la alianza de tu abuela? Siete villas junto al Duero. ¿Qué clase de rey es tu primo que acepta vender a sus vasallos por un trono y un cetro real? Debíamos mirar a los moros y copiar su unidad.

Sancho Garcés se me enfrentó, serio.

—Basta, Assur. Cuando un rey es poderoso, su reino está unido. Cuando es débil, su reino se dispersa. Abderramán es un rey poderoso con un reino unido que se enfrenta con unos pequeños grupos de resistencia. Y bastante hacemos con seguir en la lucha. Pero ya llegará nuestra hora. Tendremos un rey valeroso y arrojaremos al invasor. Has nacido con años de adelanto, Assur Ansúrez —me dio una palmada en el hombro—. ¡Y basta de disgustos! Soy tu padrino en la ceremonia que te armará caballero.

Durante dos días traté de olvidarme de todo y pensé solamente en la ceremonia. Al ser caballero adquiriría personalidad, derechos y obligaciones. Podría usar de un modo oficial mi título, y habitar mi viejo castillo. En cuanto pudiese hacerlo, me desembarazaría de todo aquel lío entre parientes y me iría a mi señorío de los Campos Góticos a vivir en paz y a componer canciones.

VI

Camino de Córdoba

Me armaron caballero en la mejor iglesia de Pamplona. Allí, ante el altar, juré por mi honor, ante los Evangelios y el Rey de Navarra, respetar la fe cristiana, defender a las damas y a los niños y obedecer a mi rey. Luego, el rey García me golpeó en uno y otro hombro con su espada y Sancho Garcés me ciñó la espada mientras su hermana mayor, doña Urraca, me calzaba las espuelas.

Ya era caballero.

A la salida de la iglesia, Sancho Garcés me abrazó.

—Ya eres de los nuestros.

Y hasta el rey Sancho el Gordo me felicitó con su voz ronca y ahogada, mientras me inclinaba para besarle la mano en señal de homenaje.

Y a los pocos días, en camino de nuevo. Con la comitiva de los reyes navarros recorrí España casi de punta a punta en aquel otoño. Se viajaba deprisa por la meseta. Los árabes habían agrandado las antiguas calzadas romanas y resultaban cómodas para el viajero. En los campos, los labriegos vendimiaban las cepas.

Llegamos a la ciudad cordobesa una luminosa mañana del mes de octubre. El cielo era muy azul y el sol arrancaba reflejos a los minaretes de las mezquitas.

Una ingente muchedumbre con albornoces blancos parecía fluir de todos lados; se hubiera dicho que toda la ciudad estaba en la calle. Al atravesar el zoco me sorprendieron las mujeres árabes, con sus trajes de telas finas y sus velos cubriéndoles la cara. En contraste con el velo bordado, todas parecían tener los ojos negros como la noche. Llevaban pulseras de plata y cristal en las muñecas y en los tobillos y tenían un andar cadencioso que arrancaba música de las pulseras. Y no sólo las jóvenes. Las mujeres ancianas también estaban llenas de una incomparable gracia.

La ciudad me encantó. Era blanca y limpia, dorada por un sol tibio y alegre.

Hasdai sonreía a nuestra admiración.

—¡Qué hermosa ciudad!

El judío asintió.

—La mejor del mundo. Tiene más de medio millón de habitantes tras sus puertas. Y grandes palacios, y una magnífica biblioteca y mezquitas que arrastrarán su fama de generación en generación hasta el fin de los siglos.

Yo había oído algo que me interesaba.

—¿Una biblioteca?

—Sí, con cerca de tres mil volúmenes. Desde las

más lejanas regiones, desde Persia, y Bizancio y Egipto y Roma, llegan libros por encargo de nuestro Califa.

—¿En latín?

—Y en árabe y en griego. Podrías elegir uno y otro y luego otro y leer desde la mañana a la noche durante más años de los que tendrá tu vida.

Yo estaba deslumbrado. Y pregunté:

—¿Veremos hoy al Califa?

Hasdai negó:

—Iréis a mi casa para cambiar de ropa y descansar de las fatigas del camino. El Comendador de los Creyentes está en Medina Azzhara con su esposa favorita.

—¿Qué es Medina Azzhara?

—Es un magnífico palacio que Abderramán ha mandado edificar para la bella Zhara, su esposa favorita. Sabrás que la religión árabe permite a los hombres tener cuatro esposas; pues bien, Zhara le es más querida al Califa que las niñas de sus ojos. Durante veinte años han trabajado los artesanos en ese palacio y es una maravilla digna de un poema. De extraños países se han traído mármoles preciosos y maderas olorosas. Ni un solo material bajo se ha empleado en su construcción —suspiró—. Hay quien dice que es más hermoso que el templo que Salomón construyó en honor de Yavé. Los mejores artistas musulmanes han cubierto de adornos los arcos de sus patios, y los mosaicos de sus estancias son tan bellos que no los tiene iguales ni el emperador de Bizancio.

Estábamos en una calle estrecha y tranquila, empedrada de guijarros y Hasdai se detuvo ante un gran portalón de madera labrada que se abrió apenas llegamos, sin necesidad de llamar.

Hasdai se hizo a un lado y se inclinó profundamente ante doña Toda y su hijo.

—Bienvenidos sean los reyes de Navarra a mi humilde morada que jamás soñó alcanzar honor tan grande.

Entró doña Toda, después el rey García y el rey Sancho sostenido por unos pajes. Luego, todos los que formábamos la comitiva.

La casa del judío era la más hermosa que yo había visto hasta entonces. Blanca como la nieve, cuadrada y rematada en una terraza, resultaba fresca y acogedora. El suelo era de mármoles sonrosados y tapices y alfombras de seda cubrían las paredes y el piso. En el centro de la casa había un patio con una fuente central, rodeado de aquellos arcos con forma de herradura que yo había visto en los dibujos de los libros de mi padre, aquellos que hablaban de las construcciones de los godos.

Cenamos en casa del médico judío; una cena rara, menos abundante en carne que lo que se acostumbraba en Castilla y con muchas frutas desconocidas y de muy buen sabor.

Y me acosté aquella noche sobre almohadones de plumas colocados en una tarima de mosaicos dorados y azules. Comparada con mi cama castellana de paja era como una nube y comprendía las palabras de Hasdai. Aquello era la comodidad y la civilización perfectas, y sin embargo yo tenía un ligero remordimiento.

A primera hora de la mañana se organizó el cortejo para la visita a Abderramán.

Primero iban los pajes y servidores, después Hasdai y Froila Vela, que habían sido embajadores del Califa. Más atrás doña Toda y su hijo García y el rey Sancho sostenido por dos fuertes esclavos negros de Hasdai, y por último, nosotros, los caballeros que le habíamos acompañado desde León.

—Deberéis ir sin espadas al encuentro del Califa. Y en su presencia os quitaréis los mantos en señal de respeto a un señor tan poderoso.

Me enfrenté con él indignado.

—Te olvidas, Froila Vela, de que somos caballeros, señores de tierra y hombres libres. Ni en Castilla, ni en León o Navarra, se tienen esos usos. Además el Califa puede que sea tu señor, pero no es el nuestro.

Un caballero leonés refunfuñaba.

—¡No me gusta lavarme y arreglarme para unos infieles!

Froila Vela salió de nuestra estancia dando un bufido y uno de los navarros comentó:

—Deben de saber que no somos mendigos. Yo me pondré mis mejores galas.

Así cruzamos las calles de Córdoba camino de Medina Azzhara. Pronto, el palacio edificado para la favorita del Califa se nos ofreció en todo su esplendor. Brillaban al sol los dorados y los mosaicos; recortado bajo el cielo azul, parecía una inmensa joya.

Íbamos a conocer al soberano más poderoso del mundo.

VII

En la corte cordobesa

El Califa nos esperaba en un gran salón con columnas y grandes ventanales de alabastro. El suelo era de mármol blanco con vetas rosadas y color marfil y el techo estaba cubierto de mosaicos de colores que imitaban plantas y raros dibujos de cuerdas y cintas.

En el centro del salón había una gran fuente de pórfido, llena de algo que parecía plata viva y que luego supe que era azogue.

El Califa estaba sentado en un trono completamente cubierto de almohadones de raso y rodeado de sus nobles y gobernadores. Todos llevaban túnicas de seda labrada. Pendiente del techo, encima de la cabeza del Califa, se balanceaba una gigantesca perla que despedía un suave brillo.

Abderramán nos acogió con una exquisita cortesía que parecía encubrir la feroz alegría que le dominaba.

Allí, humillada y pidiendo un gran favor, estaba aquella reina Toda que había luchado contra él, que en los días de su juventud había cabalgado entre las tropas cristianas arengando a los soldados y repartiendo mandobles.

Habló con suavidad.

—Doy gracias a Alá que me permite tener bajo mi techo a mis amigos de los reinos cristianos. Espero que disfruten de su estancia en mi casa. Mis médicos podrán curar la enfermedad del joven rey y mis soldados le llevarán de nuevo al trono de su padre. Y entre todos derrotaremos a Fernán González. ¡Que Alá maldiga! Y le arrojaremos de su tierra y repartiremos sus castillos y fortalezas y morirá aquí, en Córdoba, en las cárceles de mis palacios, sin ver jamás la luz del sol.

Sentado en los almohadones que el Califa había ordenado preparar, medio escondido tras la mole del rey Sancho, comprendí todo el alcance de los planes del Califa. Le importaba sobre todo Castilla y Fernán González, el escudo donde se habían estrellado sus ambiciones guerreras. Y para ello estaba dispuesto a agitar ante doña Toda el señuelo de la curación de su nieto.

El Califa le dijo a Hasdai:

—¿Tienes la medicina que sanará al rey de su dolencia?

El judío se inclinó respetuosamente antes de extraer de entre sus ropas un pequeño frasco cincelado cuyo contenido virtió en una copa.

—Tomad, señor. Es un cocimiento de hierbas que os sanará enseguida. Mañana tomaréis otro igual, y así durante un mes. Y también durante un mes no comeréis carne, ni pan, ni legumbres, ni beberéis vino. Sólo comeréis fruta y beberéis agua que también brota de la tierra y es saludable.

Sancho el Gordo bebió de un trago el contenido del frasco e hizo una mueca.

—¿No comeré carne? ¿Es que quieres matarme? Además tú remedio es amargo.

El Califa intervino.

—Hasdai es el mejor médico de todo el mundo. Desde las más lejanas tierras, desde Bizancio a la Alemania de los germanos, llegan hombres ante la fama de su sabiduría. Esos hombres son sabios en sus países; tienen dinero y títulos y tierras y poder. Son hombres libres y piden ser criados de Hasdai por un tiempo, para poder aprender algo de su ciencia. Por tanto, rey Sancho, tú no pondrás en duda su arte de curar. Si dice que te hará mal la carne, no comerás carne hasta que Hasdai lo disponga. Y mis servidores cuidarán de ello y de que tomes tu medicina todos los días. Y si la encuentras amarga, debes saber que todos los buenos remedios son amargos.

Había hablado como el señor que tiene autoridad y se dirige a un vasallo, o como el padre que regaña a su hijo desobediente. Y yo cada vez estaba más avergonzado del papel que mi rey estaba representando.

En aquel momento Froila Vela se adelantó.

—Comendador de los Creyentes, ¿no ha llegado la hora de ajustar la alianza?

Abderramán tuvo una dura sonrisa.

—Despacio, Froila Vela, despacio. No eres tú el

llamado a señalarme el tiempo —se volvió a doña Toda—. Señora, mi embajador Hasdai os habló ya de mis deseos, pero los repetiré ahora. Yo autorizo a mis médicos a curar a vuestro nieto de esa gordura que tanto le perjudica. También armaré un ejército que atacará Castilla por el Sur y llevará al trono de León al rey Sancho. Y ya que vuestras tropas han sido derrotadas en la Rioja...

Yo hice un movimiento de sorpresa y el Califa nos dirigió una sonrisa burlona.

—Yo tengo muy buenos mensajeros. Bien, decía que al ser derrotadas vuestras tropas, el único ejército que puede vencer a los castellanos es el mío.

A cambio de esta ayuda, deseo que entreguéis al Califato, siete villas de las recientemente repobladas, un tributo anual que prometo no emplearé en armar mi ejército sino que dedicaré a las obras de la mezquita que estoy construyendo, y al señor de Lara. Yo lo encerraré en las cárceles de Córdoba. Estas son mis condiciones, señora. Si os placen firmaremos un escrito de alianza.

Froila Vela volvió a interrumpir.

—Y cuando el condado de Castilla esté vacante, ¿recordarás, señor, que te serví con lealtad?

Abderramán parecía aburrido ya.

—El condado de Álava será para ti, Froila Vela, como lo fue en otros tiempos. Y yo aconsejaría a mi amigo, el rey Sancho, que haga desaparecer el título y hasta el condado de Castilla, que no es más que un semillero de discordias. Y Navarra, León y el Califato pueden repartirse justamente el territorio.

Me mordí los labios indignado. Estaba deseando salir de allí. ¿Qué clase de reyes eran los navarros que admitían todas aquellas exigencias? ¿O es que la promesa de la Rioja entera y de los señoríos de Álava y Vizcaya pesaba más que el honor debido a su nombre?

Afortunadamente la audiencia terminó y pudimos retirarnos a las habitaciones que habían reservado para nosotros en Medina Azzhara. Pero aquella noche no pude dormir.

En la cama más blanda que había ocupado nunca, entre todas aquellas sedas, tapices y mármoles, sentía nostalgia de los colchones de paja de Cea y

Monzón con todo lo que significaban. Ahora comprendía nítidamente que la verdad estaba allí: en la Castilla de Fernán González, en el movimiento renovador que hablaba de fueros de justicia y de igualdad con palabras nuevas. Tenía razón Lambra. Los leoneses con su apego a los viejos usos godos estaban llenos de polvo y debilidad.

Al fin había visto claro. Sabía ya mi deber. En cuanto estuviera libre de mi vasallaje con el rey Sancho, iría al Conde de Castilla y le pediría un sitio entre sus caballeros nuevos, entre aquellos labriegos que habían ahorrado para comprar un caballo.

Me levanté al día siguiente pálido y macilento, con sombras bajo los ojos y aire cansado. Pero tenía el alma tranquila por primera vez en mucho tiempo.

Encontré al rey Sancho paseando por su habitación. Le habían puesto unas zapatillas moras y caminaba con los torpes pasos del niño que está aprendiendo a andar. Y resoplaba y se ahogaba de ira.

Le saludé:

—Veo, señor, que camináis sin ayuda. El remedio del judío ha hecho maravillas.

Se dejó caer, sofocado, en un diván de seda y estuvo un rato luchando por recobrar el aire.

—¡Pero estoy muerto de hambre! ¡No me dan más que naranjas y manzanas y peras y melones y uvas! ¡Y pócimas más amargas que la hiel! ¡Y me han quitado los borceguíes! Ese loco judío del demonio dice... —respiró ansiosamente—, dice... que son muy pequeños para mis pies. ¡Y me ha dado zapatillas moras! ¡Y dice que haga ejercicio!

Intenté calmarle.

—Pero estáis paseando, señor.

—Sí, pero ¿a qué precio? Esta mañana me ha metido desnudo en una habitación muy caliente y me ha hecho andar y sudar. Y mientras, un esclavo me daba latigazos como a un ladrón. Luego me han bañado con agua fría. ¡Dice que lo ha aprendido de los hombres del Norte y que es un buen remedio! ¡A mí me está matando!

—Pensad en vuestros vasallos, señor, y en la satisfacción que tendrán al veros llegar montado a caballo y totalmente curado.

—¡Y con un ejército de moros! ¿Crees que me van a abrir las puertas, vaya curado o no? Hoy firmaremos la alianza con el Califa.

Doña Toda entró en aquel momento en la estancia y la ofrecí asiento.

—Sancho, debes apresurarte. El Califa y sus notarios aguardan.

Dije:

—¿Firmaréis, señora?

Sancho intervino.

—¡Y qué remedio queda!

—¿Entregaréis al Califa a vuestro tío Fernán?

—¡Ya no es mi tío! La tía Sancha ha muerto en Lara.

Doña Toda asintió.

—Es cierto. Ayer recibimos la noticia con un mensajero de Sancho Garcés. Ha muerto mi hija, pero su marido sigue siendo mi yerno y sus hijos mis nietos. ¿Quién estará más cerca de mi corazón:

Sancho Garcés, Sancho Fernández o tú, Sancho Ramírez? Los tres sois mis nietos, hijos de mis hijos. Los tres lleváis el nombre de vuestro abuelo. Sin embargo —añadió en otro tono—, una cosa es la familia y otra la política. Eso lo aprendí hace mucho tiempo. Soy vieja, Assur, y conozco a los hombres. Yo firmaré todo lo que quiera el Califa y que coloque a mi nieto en el trono de su padre. Luego, ¡ya veremos!

—¡Señora! —le dije—. Eso no es hacer honor a la palabra de un rey y un caballero.

La vieja reina soltó una risita divertida.

—¿Y soy yo un caballero? Yo sólo soy una abuela que mira por el porvenir de sus nietos. Si Abderramán se ha creído otra cosa, ¡allá él!

Un esclavo del Califa llamó a la puerta y doña Toda y su nieto se alejaron corredor adelante. Iban a firmar el tratado que pondría al Conde de Castilla en las manos de sus enemigos.

Al día siguiente, muy de mañana, vimos partir a los guerreros árabes que iban a luchar en la ribera del Duero. Eran hombres fuertes, montados en hermosos caballos del desierto, con un frunce fiero en sus rostros oscuros.

Ellos despejarían el camino a Sancho el Gordo.

Nosotros quedamos en Córdoba. A mí, que soñaba con Castilla, se me hacían eternos los días en la hermosa ciudad de El Andalus.

El rey Sancho mejoraba de día en día. Hasdai le permitía comer pescados pero seguía sin probar la carne. El humor del rey era detestable y desde que la hinchazón y la grasa habían comenzado a desaparecer de su cuerpo, pasaba mucho frío.

Pero ya podía montar a caballo.

En los primeros días de enero, doña Toda dijo que su nieto estaba más delgado que había estado nunca y que ella lo consideraba curado.

Hasdai estuvo de acuerdo y poco a poco le fue dejando comer de toda clase de alimentos.

Le aconsejó:

—Estás ya curado, Rey de León. Pero debes recordar que no tienes que abusar de los platos con grasa y que debes montar mucho a caballo y caminar y cazar y hacer ejercicio.

Y el Califa organizó un torneo y una cacería en honor de su invitado que acababa de curar. Y más tarde, por la noche, un enorme banquete con toda clase de caza y frutas.

Y con danzarines árabes y juglares y músicas y regalos terminó la fiesta.

Ahora sólo quedaba decidirse a marchar y arrancarse de aquella vida cómoda y fácil que se metía en la sangre como un veneno.

VIII

Guerra civil

A primeros de febrero nos pusimos en camino. Las tropas de Abderramán habían estado hostilizando la frontera desde los primeros días de enero, pero lo frío del tiempo y la cantidad de nieve caída no dejaba combatir a aquellos guerreros del desierto acostumbrados al dulce clima de El Andalus.

Ahora que estaba curado, a Sancho le corría prisa volver a su señorío. Ansiaba entrar en León cabalgando por la calle principal, al frente de su comitiva. Quería detener el caballo en la puerta de la iglesia de San Juan Bautista, descabalgar de un salto ante los ojos asombrados de sus villanos y con paso firme y haciendo resonar las espuelas sobre las losas del templo, entrar a orar sobre la tumba de su padre en el panteón de San Isidoro.

Por otra parte, tanto doña Toda como el rey García, tenían miedo de que Abderramán —que había dado lo prometido sin recibir a cambio más que un papel firmado que la vieja reina no tenía mucha intención de cumplir— despertara de su borrachera de triunfo y exigiera un rehén como garantía de lo pactado.

El Califa había intentado retener a sus huéspedes en Córdoba hasta que llegase la primavera, pero a todas sus cortesías, doña Toda se había mostrado irreductible.

—Ten en cuenta, mi amada señora, que los pasos de la sierra están cerrados por la nieve y que vuestro castillo de Pamplona estará ahora gris y frío bajo las grandes nevadas.

La reina navarra había respondido:

—La nieve y yo somos antiguas amigas, señor. Soy muy vieja —adoptaba un tono quejumbroso que yo ya conocía—, más de setenta años han pasado sobre mi cabeza llenándola de canas. No soy más que una débil mujer y sólo quiero sentarme en el sitial en que siempre me senté, cerca de la lumbre que vi todos los días durante muchos años y comer con la cuchara que mi vieja mano conoce bien.

Hizo una pausa para enjugarse una lágrima imaginaria con la punta del velo.

—No debí venir a Córdoba, Comendador de los Creyentes, pero la curación de mi nieto es algo por lo que iría a las más lejanas tierras. Y sabía que vos me acogeríais como a una madre. Os doy gracias por vuestra hospitalidad, pero ahora sólo anhelo estar en mi casa viendo crecer a mis nietos y pidiendo a Dios que me conceda la gracia de conocer a un bisnieto antes de ir a su Juicio.

El Califa cedió y tras muchas protestas de amistad, salimos de Córdoba. Apenas traspasamos las murallas, doña Toda se enderezó en la mula en que iba montada y masculló algo.

El rey García se volvió.

—¿Decíais algo, madre?

Ella sacudió la cabeza. Una nueva luz brillaba en sus ojos cansados.

—Nada, hijo, nada. Que todavía no estamos en suelo navarro, pero ya hemos dado el primer paso.

—¿Os encontráis mal, madre? Habláis de muerte, y este viaje, en lo más crudo del invierno...

Doña Toda rió. A pesar de su edad había vuelto a ser aquella mujer excepcional que desdeñaba la rueca y el huso para ser el alférez de su esposo Sancho Abarca. La que había visto nacer a sus hijos en los campamentos.

—García, hijo, me temo que nunca entiendas la política. ¿Qué vas a hacer cuando yo muera? Estoy muy bien de salud y no pienso en morir. Pero ¿has olvidado que el Califa es el hombre que ordenó saquear nuestras fronteras el año pasado? Yo no y él tampoco. Vinimos por el remedio para Sancho. El Califa lo dio porque quiere a Fernán González y algún botín de guerra para sus soldados. Y si tenemos lo que queríamos, ¿qué hacemos en Córdoba? ¿Y qué importa un poco de nieve en la sierra?

—Pero madre, vos...

—¡A callar, García! Cuando me vea en Pamplona y haya conseguido domeñar el orgullo del Conde de Castilla, seré mucho más feliz de lo que he sido desde los días de tu padre, que Nuestro Señor tenga con sus ángeles.

A las pocas jornadas de camino, nos separamos de la comitiva que iba a Navarra.

Cuando se despidió de su tío y de su terrible abuela, el rey Sancho pareció respirar con más facilidad.

A partir de entonces, hicimos jornadas más breves y más cómodas. Aunque estaba libre de toda aquella grasa que le impedía hasta los menores movimientos, el rey Sancho seguía siendo un hombre bastante gordo, y el caballo, al que por otra parte no estaba acostumbrado, le fatigaba terriblemente.

Por la noche, con dolores en todos los músculos de su cuerpo, no podía dormir, y al día siguiente, aterido de frío, envuelto en pieles hasta los ojos, apenas podía sostenerse en la montura.

Pero aunque no hacíamos las tremendas jornadas de sol a sol que nos exigía la vieja reina, no por ello dejamos de avanzar ni un solo día. Sancho había comprendido perfectamente las razones de su abuela para alejarse de Córdoba y traspasar cuanto antes las fronteras del Califato. Y eso, que cuando le despertaban con el alba, después de mal dormir, con las tiendas blanqueadas por la escarcha y el humo de las hogueras pegado al suelo por efecto de la helada, mientras se envolvía en sus pieles —siempre tenía frío— el rey Sancho insultaba a su abuela con las peores palabras por tener la idea de recorrer España en el mes de febrero.

En la Cuaresma llegamos a Arévalo, ya en tierra cristiana, en lo que llamaban las Extremaduras. Allí el rey Sancho mandó fijar el campamento y descansar.

El primer domingo de Cuaresma llegó mi primo Fernando Ansúrez.

Me sorprendió verlo aparecer, montado en uno de aquellos caballos rojizos de gran alzada que le gustaba usar.

Había cambiado muy poco en el tiempo en que no le había visto y me saludó algo sorprendido.

—¡Assur! ¿Tú aquí?

Le sonreí.

—¡Claro! ¿Dónde querías que me encontrase? ¿Y Teresa y tu mujer?

—Se encuentran bien de salud. Así es que seguiste al rey a Navarra y desde Navarra a Córdoba.

—Y desde Córdoba aquí —completé—. Pero estoy harto de política, primo Fernando. Quiero volver a mi tierra del Cea.

—Bueno, ya volverás, pero no ahora. Has prestado un gran servicio a la familia y es el momento de recoger la cosecha.

—¡Fernando! Yo acompañé al rey porque era mi deber.

—¿Y te opones a que yo cobre ese deber? Ya veo que te armaron caballero. Ahora eres independiente y puedes adoptar el partido que más te agrade. Pero el rey te estará reconocido y esta es mi oportunidad para desplazar al de Lara. Y te guste o no, voy a hacerlo.

Me cogió de un brazo y me arrastró, más que me llevó hasta la tienda donde el rey pasaba los días.

—Ahora vas a entrar y a decir a Sancho el Gordo que el Conde de Monzón desea verle. Y luego te marcharás.

Su genio no había cambiado nada, ni su manera de ordenarme. Yo cedí y le anuncié al rey, como deseaba.

Sancho asintió con alegría.

—Dile a tu primo que pase.

Cuando salí de la tienda mi primo estaba diciendo:

—Se me alegran los ojos al veros, señor. Y mi alegría no será completa hasta que no os vea en el trono de León como nuestro señor que sois. Ya sabéis que nuestra familia os es leal.

Me fui a sentar junto al fuego que ardía a todas horas en el campamento. Tenía frío y estaba cansado de todos aquellos nobles aduladores que no pensaban más que en su provecho.

Fernando Ansúrez no tardó en salir de la tienda del rey. Vi cómo me buscaba y cómo se iluminaba su cara al verme.

—¡Gracias, Assur!

Me levantó en vilo y me abrazó jubiloso.

—¡Ya está! Ya ha llegado mi oportunidad. Dios ha querido premiarme los años que pasaste en mi casa de Monzón y el que haya sido para ti como un segundo padre. Assur, me has pagado con creces la educación que te di.

Me separé de él asombrado.

—¿Qué ha ocurrido? ¿Te ha nombrado Conde de Castilla, o acaso mayordomo mayor de palacio?

—¡No! Mejor que eso. Mucho mejor que eso. Los títulos y los condados se dan o se quitan según el humor del rey. Hay que conformarse con ellos cuando no hay otra cosa mejor, pero esto otro es magnífico. ¡Voy a ser el primer hombre del reino después de Sancho! Y nunca podrán quitarme este puesto. ¡Assur! ¡Si mi padre viese este día!

Yo ya estaba impaciente.

—Pero, ¿qué es?

—¡Teresa! ¡Teresa se casará con el rey Sancho!

Me senté, tan sorprendido que las piernas se negaban a sostenerme.

Al fin pude articular;

—Pero ¿Teresa querrá casarse con el rey?

Fernando reía.

—¿Y por qué no? ¿Cuándo soñó ella con ser reina? Y Sancho el Gordo ya no está muy gordo. Es verdad que tiene mal genio, pero ella también y sabrá tenerle a raya. ¡Veremos quién puede más, si la sangre de doña Toda o el carácter de los Ansúrez!

Me estrechó de nuevo entre sus brazos.

—Me voy. Tengo que levantar a los hombres de armas del condado, traer a Teresa aquí, preparar las cartas de arras, atacar el condado de Castilla por el Oeste y estar en Zamora para el domingo de Pascua.

Le advertí:

—No cuentes con mis tierras o mis hombres para atacar al Conde de Castilla.

—¡Eres un Ansúrez!

—Soy neutral. Creo que es lo menos que puedo pedir después de cómo me habéis utilizado todos en vuestro provecho.

—Bien está, Assur. Hoy no puedo negarte nada. ¡Quién iba a decir que tu tonto sentido del vasallaje nos proporcionaría más ventajas que todas mis artes políticas!

Montó de un salto en su gran caballo rojo y se alejó como había venido: envuelto en un torbellino de nieve.

IX

Primo del rey

Las tropas árabes de Sancho el Gordo entraron en Zamora, la ciudad del Duero, el día del Domingo de Ramos.

Aún no había llegado mi primo con sus hombres de armas y el rey Sancho no contaba con tropas leonesas. Y se desesperaba ante la tardanza de Fernando Ansúrez.

—Mientras el Conde de Monzón no me proporcione hombres, seré en esta tierra un intruso sostenido por tropas extranjeras.

Yo pensaba que mi primo, aconsejado tal vez por su mujer, no quería dar tropas al rey hasta que las cartas de arras de Teresa no estuviesen firmadas. Probablemente la condesa de Monzón temiera que aquel matrimonio fuese una trampa que comprometiese a su marido en una causa perdida.

Confirmando mi pensamiento, Fernando Ansúrez apareció el día de Martes Santo, montado en el mejor de sus caballos pelirrojos, llevando al lado a su mujer y a su hermana y al frente de trescientos hombres de a caballo. Mi primo había vaciado su tierra de ricos-hombres.

El Sábado Santo se firmaron las cartas de arras: «Sancho Ramírez, Rey de León, tomaba a Teresa Ansúrez por mujer, con su consentimiento y el de sus parientes, y por el honor de su belleza y juventud, por el amor que la tenía, le regalaba... —seguía una larga lista de regalos. Sancho entregaba todos los de despedida del Califa— y llevaría el título de reina y sus hijos serían príncipes con todos los derechos.»

Teresa Ansúrez, por su parte, entregaba al rey uno de los hermosos caballos de Monzón, y una armadura y sus arreos comprados en Toledo a los artesanos moros.

En realidad era una boda pobre que intentaba disimular enumerando uno tras otro los más pequeños regalos. El rey Sancho no tenía reino todavía y ya debía al Califa siete villas. Y todos sabían que el principal regalo que aportaba la novia eran los trescientos hombres que acampaban junto al río.

En la mañana del Domingo de Pascua, mientras las campanas de todas las iglesias de Zamora lanzaban al aire su canto de gloria, el obispo se dirigió a la iglesia a esperar a los novios.

Entró primero el rey Sancho, llevando en un plato de oro los anillos y tras él la comitiva y al final la prima Teresa.

En el tiempo que había pasado había crecido y madurado, pasando de ser una joven hermosa a una espléndida mujer. Llevaba una túnica color fuego con manto blanco bordeado de pieles y había prendido en su cabeza uno de aquellos velos finísimos, casi transparentes y sembrados de perlas que había traído de Córdoba el rey Sancho.

Al verla avanzar hacia el altar con su túnica roja, los ojos negros echando chispas y arrastrando el manto con una infinita dignidad, el rey Sancho perdió el color. Por su gordura había estado siempre muy alejado de las mujeres, que sentían asco en su presencia y no podía comprender que Teresa Ansúrez quisiera casarse con él.

A la salida, los villanos de Zamora aclamaban al rey y a la reina. Teresa tenía un aire satisfecho y feliz que ponía en sus labios una sonrisa muy rara en ella.

Al día siguiente, el rey Sancho mandó levantar el campamento. A pesar de sus bodas no había olvidado que era un rey sin reino. Pero la astucia de los Ansúrez comenzaba a presidir sus actos y antes de salir de Zamora, concedió fueros y privilegios a la ciudad, que se lo agradeció proporcionándole cien hombres de a caballo. La prima Teresa debía haberle convencido de que en aquel momento era mejor usar la miel que la hiel.

Cubriendo su camino de regalos y dones, Sancho llegó a las puertas de León en el mes de mayo. Y yo entonces, realicé mi sueño. Pedí licencia al rey y me retiré a mi señorío de Cea.

Mi corazón brincó de alegría al ver las viejas piedras del castillo de mi padre. Estaba desmantelado por el tiempo y el viento silbaba en sus torreones.

El escudero que de niño me enseñaba a montar a

caballo, su mujer y dos mozas eran la única guarda y servidumbre de mi casa.

Estuve un par de semanas en mi castillo. Luego emprendí el viaje a Burgos en busca del Conde de Castilla y sus hombres.

Los encontré acampados en los páramos del centro de Castilla. Eran un puñado de hombres fatigados, vestidos de cuero y con las barbas y los cabellos largos y descuidados. Tenían un gesto fiero y la piel de la cara estaba tan curtida que era del mismo color que los arneses de cuero.

El conde no estaba en el campamento; había salido con su alférez a reconocer el terreno y a mí me recibió Nuño Laín, un anciano caballero de la casa del conde, que había vivido siempre en Lara.

—Bienvenido Assur Ansúrez. ¿Qué os trae por aquí?

—Quería ver al conde. He descubierto que ser castellano significa algo más que nacer en Castilla.

Nuño Laín me hizo apear del caballo y me sirvió una copa de agua.

—El conde vendrá en seguida. Descansad ahora que podéis.

—¿Tan mal estáis?

—Estamos en el infierno. El conde es Satanás y nosotros los condenados. No tenemos ni un momento de paz. Los moros atacan por el Sur, los navarros por el Este y los Ansúrez por el Oeste. Y parecemos una partida de bandoleros, corriendo de un lado a otro —suspiró, y añadió con orgullo—: Pero no nos han derrotado todavía.

A lo lejos se veía una gran nube de polvo. Nuño Laín levantó la mano.

—Ahí llega el conde y su alférez.

Fernán González detuvo su caballo a unos pasos de nosotros y descabalgó lentamente. Parecía agotado y el buen humor que brillaba en sus ojos en los días de León había desaparecido.

Informó a sus hombres.

—Parece que el día será tranquilo.

Entonces me vio y se dirigió a mí.

—Bien hallado, Assur. ¿Vienes como mensajero o a unirte a nosotros?

—Creo que ni una cosa ni otra. Soy vasallo del Rey de León, señor. Pero quería que supierais que estoy de vuestra parte y si puedo ayudaros en algo...

—Me alegro, Assur. Es consolador oír esas palabras, cuando llevamos más de un año luchando en todas las fronteras contra todos los reinos de España.

Nuño Laín se acercó.

—¿Me permitís que diga algo, señor?

—Lo que quieras, Laín.

—La gente se queja, señor. Esta guerra parece no tener fin, y no hay hombres en el mundo que puedan soportar esta vida que llevamos. Parecemos bandoleros que se echan al monte a vivir del pillaje. Buen conde, ¿hasta cuándo? Todos tenemos mujer e hijos y queremos verlos una vez más. Perdonad mis palabras, buen conde. Sabéis que daría con gusto mi vida por vos.

—Lo sé, Nuño Laín. No me ofendes. Pero quien

quiere algo grande tiene que pasar por estas miserias. Mañana se dirá: estos fueron hombres justos y valientes que sacaron a Castilla de la servidumbre e hicieron de ella la primera piedra de una gran edificación. Y no dirán de los días fatigosos del combate y de las noches sin sueño. ¡Animo, amigos! Os prometo que muy pronto volveremos a nuestras casas.

Nuño Laín se fue en silencio y el conde se volvió a mí sonriendo tristemente. Le dije:

—Vuestros hombres están abatidos.

Bebió un trago de agua.

—Tienen motivo —confesó—. Nadie sabe lo que hemos pasado —señaló su copa—. ¿Ves? Hoy sólo tenemos agua. Espero que mañana nos den comida los monjes de San Juan. ¡Y quiera Dios que la próxima fuente no esté seca!

—Señor, ¿por qué no firmáis la paz?

—Yo firmaré la paz con cualquier rey de León que se comprometa a respetar la unidad del condado de Castilla, sus fueros y sus libertades. Mira, Assur, Castilla es el escudo de León. Cuando los árabes atacan la primera batalla es siempre contra nosotros. Y no se le puede pedir a un villano que labra su tierra con la espada al cinto, que entregue al rey (qué está en León y no envía soldados para defenderle) el dinero de una cosecha que logró jugándose la vida.

Hizo una pausa y señaló a sus hombres.

—Estos son hombres libres, que en Castilla no hay siervos. El siervo que quiere ser libre se despide de su amo y va a poblar una de las nuevas villas de la frontera. Allí edifica su casa, rinde vasallaje al señor más próximo para tener protección y labra su tierra con un ojo en el surco y otro en la frontera; y en su casa, su mujer tiene el hato siempre hecho para huir al castillo del señor en cuanto los moros asomen por la sierra. Y ese siervo ¡es un hombre libre! Porque muchas veces muere por ese trozo de tierra. Y si compra un caballo, yo le ciño las espuelas y le armo caballero.

—Entonces, si el rey Sancho reconoce a Castilla como un solo condado y jura no cargar impuestos y respetar los fueros, ¿reconoceréis al rey?

—¡Claro! Procúrame una paz justa y daré descanso a mis hombres.

—Mañana mismo saldré para León.

—Entonces debes descansar, Assur. Esta noche dormirás al raso, como nosotros.

Me dormí mirando una gran estrella que parecía suspendida justo sobre mi cabeza. Y pensé de pronto que no había preguntado a Fernán González por su sobrina, por Lambra, mi pequeña amiga de los días de León.

X

La prima Teresa

Camino de León, rebosaba mi alegría. Ahora era mensajero de paz. Paz entre Castilla y León. Paz ¡por fin! entre los reyes cristianos. Fernán González reconocería al rey Sancho y el rey confirmaría los fueros de Castilla.

Y Castilla podría tener su pronunciación romance, sus juicios en Burgos y sus fueros de libertad.

Y habría paz.

En cuanto llegué a León solicité audiencia a los reyes.

Lo había pensado despacio por el camino y quería que la prima Teresa estuviera presente en mi conversación con el rey; tenía un gran sentido político y una brillante inteligencia. Podía comprender mi pensamiento y hacérselo comprender al rey.

Me recibieron en seguida, al caer la tarde de un día de calor, en una sala de grandes ventanales que daban al jardín. Me acogieron como a un miembro de la familia; el rey Sancho estaba revisando unas flechas nuevas, pues ahora tenía una gran afición a la caza, y mi prima, sentada junto al ventanal, cosía unos lienzos blancos.

—Pasa, Assur. Y dinos, ¿cómo estás?

Me incliné y le pregunté por su salud.

El rey Sancho contestó:

—Muy bien, Assur Ansúrez. Ahora hasta puedo correr. Y tu prima espera un hijo.

—Me alegro mucho, señor.

Teresa dejó en el cesto los paños blancos.

—Nacerá en el invierno; pero, ¿qué te trae por aquí? ¿No estabas en Cea?

—Vi a Fernán González cerca de Burgos. Desea tratar de paz con el rey.

—¿Se rinde?

—No, señor. Pero está cansado de guerrear con sus hermanos de fe. Cree que debe de cesar la guerra, por el bien de España. Y considerad que hasta ahora no han logrado derrotarle.

—¡Jamás me humillaré ante Fernán González! Un rey no debe...

—Un momento, señor —intervino Teresa—. Tal vez haya algo de razón en lo que dice Assur. Hay que terminar esta guerra que nos rebaja a los ojos de los musulmanes. ¿Qué opinión tendrá de vos el Califa si ve que retenéis a sus tropas mes tras mes?

—¡Teresa!

—Dejadme, Sancho. ¿No confiáis en mi buen juicio? Lo que yo haga será lo más conveniente para vos y para el reino.

—Hablad, Teresa.

Se volvió a mí.

—Assur, mi marido me da licencia para resolver este asunto. Pero no creo que una entrevista entre el rey y el señor de Lara sea acertada. Fernán González es hombre orgulloso y el rey tiene el genio vivo y la cólera pronta. No saldría de ahí la paz, sino una nueva guerra. Ya sabes que siempre he creído que las mujeres solucionan estas paces mejor que los hombres.

Se levantó de su asiento y se acercó a la ventana. Todo estaba saliendo como yo había querido y sin embargo la mirada de mi prima no me gustaba. Había cedido demasiado pronto y no se había indignado como yo supiera. Y no creía que el ser reina la hubiese cambiado tanto.

Al fin dejó la ventana y se volvió.

—Con que viste a Fernán González cerca de Burgos... ¿A qué fuiste a Burgos?

Comprendí que Teresa sospechaba de mi sinceridad.

—Tengo que restaurar mi castillo —expliqué—. Se está cayendo de viejo. Y quise ver al conde.

—¡Ya! Bueno, volvamos a Fernán González. Decía que estos asuntos... Creo que la más ofendida es doña Toda, la reina de Navarra. Por lo tanto es importante que Fernán González firme la paz primero con Navarra. Y ¿qué mejor paz que una boda? El conde está viudo desde hace tiempo y ya dijo Nuestro Señor que no es bueno que el hombre esté solo. Y el rey García tiene una hija, la mayor de las suyas, Urraca Garcés, que no tiene esposo. Si se pudiera concertar la boda, habría paz.

La prima Teresa se detuvo; el rey Sancho la escuchaba embelesado como si fuese un ángel de Dios revelando el porvenir. Sin embargo, a mí me parecían demasiadas palabras y demasiadas facilidades para venir de Teresa Ansúrez.

El rey dijo:

—Tienes razón, Teresa.

Teresa le dirigió una sonrisa y siguió:

—Naturalmente, Fernán González tendría que reconocer la soberanía del rey, mi esposo. Pero el yerno del Rey de Navarra tendría que ser Conde de Castilla y claro es que el rey García y el rey Sancho tendrían que deshacer el trato con el Califa porque no se le puede dar esposo a una hija para enviarlo a continuación a un calabozo moro. Y Fernán González cedería en la cuestión de las fronteras. Ni Monzón, ni Cea, ni Carrión, Palenzuela, Palencia y las tierras de los Campos Góticos serán de Castilla. Creo que son condiciones justas.

Afirmé; sí lo eran. Estaba pensando que me parecían demasiado justas.

El rey Sancho intervino:

—Puesto que Assur sabe dónde está el conde, puede llevarle la respuesta.

—Sí, Sancho. Y le diré que vaya a Cirueña el día de Santiago. Cirueña está cerca de San Millán, dentro de Navarra, pero a unos metros de la frontera con Castilla. Fernán González irá con cinco caballeros que serán sus padrinos. El rey García llevará otros cinco. Todos sin armas. Allí concertarán la paz y la carta de arras de la novia.

Teresa calló y yo me incliné para retirarme. Teresa habló a su marido:

—Habrá que tener dispuestas las cartas para mañana, Sancho. Una para vuestro tío, el rey García y otra para el conde. La del de Lara, la llevará Assur. La del rey García puede llevarla Froila Vela. Ellos serán nuestros testigos en Cirueña.

Yo me retiré con una campana tocando alarma en mi cerebro. Todas las ilusiones que alentaba a mi llegada a León se habían desvanecido. La desconfianza que me dominara durante toda la entrevista se había convertido en certeza en cuanto oí el nombre de Froila Vela. Teresa se había equivocado al nombrarle. Tal vez había pensado que yo no le conocía.

Al día siguiente, el propio rey Sancho nos entregó los mensajes a Froila y a mí. Los dos nos inclinamos y recibimos los rollos de pergamino sujetos por una cinta lacrada. Bajo la gran nariz de Froila Vela había una sonrisa que no me agradó.

El rey nos dijo:

—Que de vuestro cometido venga la paz que nuestros reinos tanto necesitan.

Monté en mi caballo y partí tan aprisa como pude. Al mediodía haría demasiado calor y debía ganar todo el terreno posible en las horas de la mañana.

Al atardecer de un día nublado que amenazaba tormenta llegué al campamento de Fernán González.

Caían las primeras gotas, gordas como monedas, cuando nos refugiamos en el interior de una tienda.

Nuño Laín entró con un jarro de vino.

—Parece que al fin lloverá.

Acercó queso y pan para acompañar al vino y se sentó con nosotros. Con el Conde de Castilla desaparecerían los protocolos.

Comimos en silencio hasta que el conde dijo:

—Bien Assur, ¿qué traes?

—Traigo la respuesta a vuestra petición, conde. El rey Sancho no asistirá a una entrevista con vos, pero la reina Teresa os propone la paz con Navarra y León a cambio de la boda con la infanta Urraca. Aquí traigo el mensaje.

Entregué el pergamino al Conde de Castilla. Lo leyó lentamente. Luego preguntó:

—¿Cómo es doña Urraca?

Yo me acordé de aquella infanta seria y triste que me había calzado las espuelas, allá en Pamplona.

—Es la hija mayor del rey. Es seria y reservada, con los ojos claros de las princesas navarras. Es muy buena.

—¿Accedería a casarse conmigo que fui esposo de su tía y que le llevo tantos años?

—Ya os he dicho, señor, que es buena y obediente. Estoy seguro de que casaría con vos muy contenta de conseguir la paz.

Fernán González meditaba.

—Ya no soy joven y estuve muy enamorado de doña Sancha, mi compañera en todo momento, la mejor mujer de España. Sin embargo, por la paz de Castilla estoy dispuesto a casarme con la infanta doña Urraca Garcés. Y la daré una carta de arras tan generosa que a mi muerte no tenga que andar de palacio en palacio mendigando un sitio o tenga que recluirse en un convento sin tener vocación para ello. Y prometo desde ahora honrarla y respetarla y no imponerle mi compañía, si ella se casa sólo por obediencia, que bien conozco yo lo difícil que es oponerse a doña Toda.

Yo intervine:

—Esperad, buen conde. Yo no creo que esa carta sea sincera, señor. Yo creo que todo ello es una trampa. Os piden que vayáis sin armas a Cirueña, pero ¿quién asegura que el rey García hará lo mismo?

El conde reía.

—Assur, te estás volviendo muy desconfiado. Ya ves mentiras en todas partes.

Porfié.

—Señor, esta carta está dictada por la reina Teresa y tenéis que pensar que conozco a mi prima. Sé cuándo habla con la verdad y cuándo no. Hacedme caso, buen conde. No vayáis a Cirueña o id armado. El mensaje para el rey García lo llevó Froila Vela. ¿Creéis que Froila Vela sería mensajero de algo beneficioso para vos?

El conde se encogió de hombros.

—Puedes tener razón, Assur, pero yo iré a Cirueña, tal y como pide doña Teresa: sin armas y con cinco padrinos. Si es una trampa, Dios y mis castellanos me sacarán de ella. No quiero estropear una buena oportunidad de hacer la paz por desconfianza. ¿Me entiendes, Assur?

Yo sí le entendía pero la angustia me ahogaba.

—Señor, firmaron con Abderramán que os entregarán a sus hombres cuando os cojan preso.

—Ya lo sé. Yo también tengo espías. Pero ya estuve en la cárcel antes de ahora, y sería difícil que me entregasen al Califa sin un juicio o algo parecido. No temas, Assur, aunque sea una trampa debo aceptarla por el bien de Castilla. ¿Estarás en Cirueña?

—Sí, yo soy el testigo de los Reyes de León junto con Froila Vela.

—También sé guardarme de Froila Vela. Concédeme algo de confianza, Assur.

Yo le daba toda la confianza que me pedía. Sabía que era el mejor guerrero de España y un hombre muy inteligente; pero ni las armas ni la inteligencia pueden nada contra la traición.

El conde sonreía con algo del buen humor de los días pasados.

—Te quedarás entonces con nosotros. Te daremos lo mejor de nuestra hospitalidad. Eres un buen amigo y eso es una cosa muy rara que hay que cuidar con esmero.

XI

Emboscada en Ciruña

A mediados de julio nos pusimos en camino hacia Ciruña. Tanto el conde como sus hombres habían cambiado sus ropas y su aspecto. Se habían quitado los vestidos de cuero y llevaban túnicas largas con cinturones tachonados con clavos de plata y largos mantos de colores vivos. Los caballeros tenían el pelo tan cepillado que relucía como la seda.

El conde me dijo:

—Voy a dar licencia a mis hombres. Sólo me quedaré con la escolta. Llevan un año luchando sin cesar, y salga o no la paz de esta entrevista, podrán descansar.

—¿Quiénes serán vuestros padrinos?

—Mi hijo García, Nuño Laín, el Conde de Saldaña, mi alférez Gutier Gómez y Ramiro Núñez, un caballero de Burgos que tú no conoces. Los demás quedarán en la frontera castellana.

Nos pusimos en marcha. Yo estaba inquieto. El conde me miraba y sonreía.

—Me miras como si pensases que voy a la muerte, Assur. ¿Sigues creyendo que es una trampa?

—Cada vez estoy más seguro, señor.

—Déjame a mí las preocupaciones. No creo que un rey cristiano traicione de esa manera la palabra de paz. Aunque le haya aconsejado su mujer y aunque esa mujer sea Teresa Ansúrez. Yo voy de buena fe, porque no puedo hacer otra cosa. Castilla, y esto sólo te lo diría a ti, está agotada de tanta lucha. ¿Sabes que este año no se ha firmado ni un solo contrato? Los hombres están asustados y no compran ni venden. Tampoco hay bodas.

—Yo no he encontrado artesanos para reparar mi castillo de Cea. Los maestros canteros no quieren trabajar.

—¿Ves? Y lo importante es que el pueblo prospere y trabaje. Hay que conseguir la paz, aunque para ello yo tenga que quedar preso.

Llegamos a la frontera el veintidós de julio. Descansamos tres días, y al amanecer del veinticinco, después de misa, Fernán González y sus cinco padrinos se desciñeron las espadas y dejaron las lanzas y los cuchillos.

Luego, montando en los caballos, atravesaron la frontera camino a Cirueña.

Detrás, como testigo de los Reyes de León, fui yo.

Entramos en Cirueña cuando el sol doraba las calles de la villa. Era una de aquellas aldeas repobladas en las tierras conquistadas a los moros. tenía casas pobres, de gruesos muros, con pequeñas ventanas que parecían aspilleras.

Avanzamos hasta la plaza mayor, flanqueada por la casa del Concejo y una pequeña iglesia con la imagen de San Andrés en la puerta.

No había nadie en las calles; sin embargo, detrás de las ventanas, los ojos de todos los vecinos estaban pendientes de lo que sucedía.

Sería cerca del mediodía cuando oímos ruido de caballos. El Conde de Castilla adelantó su caballo hasta llegar cerca de la puerta de la iglesia y quedar bien visible desde las dos calles que desembocaban en la plaza.

Yo no le miraba. Tenía todos mis sentidos pendientes del ruido que producían los cascos de los caballos. Era un ruido de caballos ¡al galope! Y no se acude al galope a una cita de paz. Además era mucho ruido para sólo seis caballos. ¡Y venían por las dos calles!

Me volví a Nuño Laín.

—¡Es una emboscada!

Vi cómo palidecía el anciano caballero, y oí, vibrante, la voz de García Fernández.

—¡Padre! ¡Es una trampa, padre!

Fernán González volvió la cabeza hacia nosotros en el momento en que refrenando sus monturas que resbalaban, aparecían en la plaza treinta hombres de armas navarros con las lanzas preparadas.

Se hizo un repentino silencio al ver al conde en el centro de la plaza.

Y se oyó, fuerte, la voz de Fernán González.

—¡Válgame Santa María! ¡Traidores!

Antes que los hombres de armas pudieran

acercarse, el conde descabalgó de un salto y se metió en la pequeña iglesia.

Oímos correr los cerrojos y la voz del rey García:

—¡Rendíos a Navarra, señor de Lara!

Inmediatamente un grupo de hombres de armas se dirigió hacia nosotros con las espadas desenvainadas y nos llevaron hasta el rey de Navarra.

El rey García reía satisfecho.

—¡Buena jugada! No sólo el Conde de Castilla, sino su heredero, su alférez y sus mejores amigos. ¡Y desarmados! ¡Aquí acabó Castilla!

El infante García habló mordiéndose los labios:

—Castilla no acaba por esto, ¡tío García!

Y ningún insulto hubiese sonado peor que aquella invocación al parentesco que los unía.

Entonces me vio el rey.

—¡Assur Ansúrez!, estás en todas partes, muchacho. ¿Qué haces aquí y armado?

—Soy el testigo de los Reyes de León; testigo de una felonía.

—Despacio, Ansúrez. Que yo soy el Rey de Navarra y nadie me habló así jamás. Yo sólo he obedecido las indicaciones de doña Teresa. Froila Vela me dijo que en este día Fernán González vendría a Cirueña desarmado. Y no pregunté por qué. ¿Qué falta hacía?

Yo temblaba de furia.

—Los Reyes de León dijeron a Fernán González que Navarra firmaría la paz en Cirueña y le daría a la infanta Urraca Garcés en matrimonio. Luego se haría la paz con León.

El rey García reía con grandes carcajadas.

—¿Y el conde creyó que iba a casar con mi hija? Está loco.

García Fernández volvió a hablar.

—Ya se casó una vez una infanta navarra con el Conde de Castilla, tío García.

—¡Haced callar al prisionero!

Me crucé ante los hombres de armas.

—¡Basta, rey García! ¿Habéis olvidado que es el hijo de vuestra hermana y que se llama García como vos?

—¡Es solamente el hijo de un traidor sublevado!

Yo no podía soportar más. El genio de mi familia me estaba dominando.

—El hombre que atrae a un enemigo a una entrevista de paz, va acompañado de treinta hombres de armas, coge prisionero a su contrario y aún insulta a su hijo y a sus amigos desarmados, no merece ser rey ni volver a mandar hombres libres. Y hablo en nombre de los Reyes de León.

No esperé la respuesta del rey García. Estaba seguro de que me iba a mandar prender. Me desceñí la espada y eché a correr hacia la iglesia. Dando un grito la lancé por una de las ventanas al interior del templo.

Vi retroceder a los hombres. Si el conde refugiado en la iglesia estaba armado, todo cambiaba.

El rey García ordenó:

—¡Derribad la puerta de la iglesia!

Nuño Laín dijo con voz tranquila:

—¿Vas a aumentar tus méritos en esta jornada

atacando a un hombre que se ha refugiado en la casa de Dios?

El rey García mascullò una maldición y entonces se acercó Froila Vela, que había venido con los navarros.

—No hará falta, buen rey. Venid y escuchadme.

Tardaron mucho tiempo en volver. Ninguno de los seis hombres que estábamos presos hablábamos. No nos habían dicho que nos sentásemos y nosotros no lo pedimos por orgullo. Pero Nuño Laín, acostumbrado a cabalgar, no se tenía en pie.

Al fin se acercaron Froila Vela y el rey García. El rey dijo:

—¡Fernán González! ¡Si no os entregáis, pasaré a cuchillo a vuestro hijo y a sus acompañantes!

García Fernández gritó con voz desgarrada por la ansiedad:

—¡No hagáis caso, padre! ¡No se atreverá!

Pero ya la puerta de la iglesia se estaba abriendo. En el umbral, muy pálido y con aire trastornado se destacó la silueta del conde.

—Rey García, si me entrego, ¿dejaréis libres a mis amigos?

—Os lo aseguro.

—¿Qué queda sagrado para vos? Ya no fío de vuestra palabra. ¿Lo juráis por nuestro Señor Santiago, cuya fiesta es hoy?

El rey García afirmó gravemente:

—Os lo juro.

Fernán González entró un momento en la iglesia. Cuando salió no llevaba la espada y tenía un aire

más decidido. Con un grito de júbilo, los hombres de armas se lanzaron sobre él y le maniataron como si fuese un ladrón. Le montaron en un caballo y salieron a galope tendido. Cruzó ante nosotros con las manos atadas a la espalda, gobernando mal el caballo y tambaleándose de un lado al otro. Nos dirigió una mirada apagada y triste y se alejó entre las sombras color violeta del crepúsculo.

Cuando pasó ante nosotros el rey García, ya montado para marchar nos dijo:

—Sois libres, pero si mañana encuentro a alguno de vosotros en Navarra, os mandaré ahorcar.

El Conde de Saldaña preguntó:

—¿Y los caballos?

Con una risotada respondió Froila Vela:

—Los villanos no usan caballos.

Se alejaron y nos quedamos solos, viendo cómo se ocultaba el sol hacia Castilla. El alférez del conde se derrumbó sollozando en el suelo.

—¡Nuestro conde está preso! ¡Está preso Fernán González!

El infante García le sacudió por un hombro.

—¡Vamos Gutier Gómez! Hay que salir de Navarra antes de que sea de día. El tío García nos prometió darnos caballos y no lo ha hecho.

Parecía muy tranquilo, pero sus labios temblaban y comprendí que toda su serenidad era sólo aparente. Sin embargo, durante toda aquella noche se esforzó en preocuparse por los amigos de su padre y me ayudó a llevar a Nuño Laín que apenas podía andar.

Amanecía cuando vimos a lo lejos el campamento de la escolta del conde. ¡Gracias a Dios ya estábamos en Castilla!

Los hombres de la escolta nos recibieron ansiosamente.

—¿Hay paz? ¿Y el conde?

García Fernández contestó por todos:

—Era una emboscada. Mi padre está preso.

Y todos buscamos un sitio para poder dormir, porque estábamos agotados.

XII

La estatua de piedra

En Lara, el castillo de la familia, nos reunimos después de la emboscada de Cirueña con todos los hijos de Fernán González. Allí estaban las hijas del conde y Lambra Ramírez, mi pequeña amiga de León.

García me acompañó hasta el salón, mientras me informaba de las últimas noticias.

—Te quedarás con nosotros, Assur. De momento no se puede hacer nada —se detuvo con la mano apoyada en la puerta—. Mi padre está ahora en Castroviejo. Le han trasladado desde Pamplona.

—¿Por qué?

—Mis amigos navarros me dijeron que el rey García quiso que mi padre firmase el reparto del condado; no lo aceptó y le han llevado a Castroviejo. Es un castillo más fuerte y cárcel más dura. Además está cerca de la frontera mora. Esperan que el encierro, la soledad y la proximidad de los moros, quebrantarán el carácter de mi padre —dio con el puño en el marco de la puerta—. ¡Que Dios se lo tenga en cuenta! Tiene cincuenta y tres años y su carácter no lo doblarán pero su salud, sí.

Entramos en el salón. Saludé a las hijas del conde y me acerqué a Lambra. Había crecido y ya no era la niña que jugaba con la nieve. Ya llevaba velo y sus ojos eran más verdes que nunca.

Me incliné ante ella y le hice el saludo más ceremonioso que supe. Al levantar la cabeza vi que tenía la cara encendida de vergüenza.

—Mis saludos, doña Lambra —le dije.

Se echó a reír.

—¡Assur! ¿Es que ya no me tienes confianza?

Me tendió las dos manos y se las estreché sonriendo.

—Sigo siendo tu primer adorador.

Fronilde comentó:

—No sabíamos que la prima Lambra tenía ya un pretendiente.

Estuvimos aguardando noticias del conde que no llegaban. Para mí los días pasaban de prisa al lado de Lambra. Pero el conde seguía preso. Y al fin le dije a García Fernánez:

—Nos queda algo por hacer. Hablar con la infanta Urraca. Es buena y no le gustará saber que por su culpa está preso un hombre.

García aprobó:

—Tienes razón. Pero es difícil entrar en Navarra. Y después de las cosas que le dijiste al tío García en Cirueña no creo que te den un salvoconducto.

Me encogí de hombros.

—Me arriesgaré.

Me puse en camino y paré en el monasterio de San Millán antes de pasar la frontera. Allí supe que los árabes atacaban Castilla. Ya sabían que el conde estaba preso.

Lo había dicho un viajero que venía de Galicia y que el abad del monasterio me presentó.

—Este es el conde Raimundo de Ribagorza.

—Era un hombre ya mayor, de pelo rojizo y ademanes bruscos. Tenía un fuerte acento catalán.

—Vengo de Compostela —dijo—. Tengo una hija que es como un rayo de sol. Se llama Ava. Tuvo unas malas fiebres y prometí al Apóstol ir en peregrinación a su sepulcro. Y mi Ava curó de las fiebres. ¡Gracias a Dios!

Le dije el motivo de mi viaje y el conde meneó la cabeza.

—Pero en cuanto lleguéis a Navarra es seguro que el rey García os encarcelará a vos también.

—Ya lo sé. Tendré que procurar que no sepa mi llegada.

—Por donde vayáis vuestro hablar castellano os denunciará.

—He hablado con García Fernández y no hemos visto otra solución. Al fin y al cabo doña Toda me ofreció amistad.

—¡Pero han pasado muchas cosas desde entonces, conde de Cea. Os propongo algo: Yo iré a Castroviejo, hablaré con el conde y luego en Pamplona con la infanta Urraca.

—No os dejarán hablar con el conde.

—Tengo buen dinero y todos los guardianes del

mundo se pueden sobornar. Y sólo quiero verle.

—García Fernández os lo agradecerá toda la vida.

—¿García Fernández? ¿El hijo del conde? ¿Cuántos años tiene?

—Veinte o veintidós.

—¿Y es el heredero?

—Sí. El otro hijo es monje en Cardeña.

—¡Qué buen esposo para mi Ava!

Le miré sorprendido de su exclamación y se apresuró a explicar.

—Soy su padre y para mi Ava querría el mejor esposo del mundo. No había hallado a un hombre joven, heredero de un reino o un condado y que fuese español. Lo acabo de encontrar.

Yo reía.

—Falta que García quiera.

—¿Cómo no va a querer? Mi hija tiene dieciocho años y es como una flor. ¿Dónde encontraría otra más bonita, de más nobleza o con mejor dote? Es preciso que el conde Fernán salga de la cárcel y arreglemos este asunto.

Al amanecer salió el conde para Navarra. Le conté lo sucedido al abad y me tranquilizó.

—Tu negocio está en buenas manos, hijo. El Conde de Ribagorza es hombre de gran inteligencia.

Y confiando en el Conde de Ribagorza, yo regresé a Castilla. Camino de Burgos encontré a unos hombres de armas. Me dijeron que eran la vanguarda de García Fernández y que iban a pelear contra los moros.

Aguardé. Muy pronto llegó el grueso de las tropas. Los acompañaba un gran carretón tirado por mulas y sobre el carro una estatua de piedra, de tamaño natural, con el rostro del conde.

El infante García desmontó de un salto al verme y ordenó descanso a sus hombres.

—¡Hola vagabundo! ¿Qué has estado haciendo?

—Vengo de San Millán donde hablé con el abad, y descansé algo. Te he encontrado novia, García.

—¿Novia? Fuiste a hablar con doña Urraca, no a buscarme casamiento.

—No llegué a Navarra, pero envié un mensaje de calidad que no infundirá sospechas: El conde Raimundo de Ribagorza. Tiene interés en sacar a tu padre porque quiere casar a su hija contigo. Y es muy buen partido.

—Esperemos a conocerla. Para su padre será una belleza, claro. Y como tú quieres a Lambra...

—Déjame a mí y dime por qué lleváis esa estatua en la carreta.

El infante García quedó serio.

—Los moros atacaron Gormaz. No era un ejército muy grande pero mis hombres peleaban sin ánimo. Les faltaba mi padre. Ahora he mandado construir esa estatua. Así estarán bajo la sombra del conde. Creo que lucharán mejor ahora. Si no he acertado... —extendió las manos con desánimo—. Ahora están cercando Osma y San Esteban. Quiera Dios que lleguemos a tiempo. Tú vuelve a San Millán a esperar noticias del conde Raimundo.

XIII

La infanta doña Urraca

Todo lo que sigue lo supe después por el conde Raimundo de Ribagorza. Yo no estuve presente, pero el buen orden de esta crónica requiere que lo escriba aquí.

Raimundo de Ribagorza entró en tierra navarra y se dirigió a marchas forzadas a Castroviejo.

Allí dijo al alcaide de la fortaleza:

—Quiero ver al prisionero.

—Está prohibido.

El conde de Ribagorza hablaba con aquella peculiar altanería que yo había advertido en nuestra entrevista de San Millán.

—Soy Raimundo, Conde de Ribagorza, aliado del Rey de Navarra. Sólo deseo ver al prisionero. La fama de sus hazañas llegó a Ribagorza y deseo saber si la verdad corresponde a la fama.

El alcaide dudaba. No conocía al conde como amigo del prisionero.

Don Raimundo dejó ruidosamente su bolsa sobre la mesa.

—Un guardia podría presenciar la entrevista. Y yo sabría agradecer el favor.

El alcaide oyó el sonido del oro y accedió.

Un sayón acompañó a Raimundo de Ribagorza hasta los fosos de la fortaleza.

Abrió una de las gruesas puertas de madera, tachonada de grandes clavos y dejó pasar al visitante. Raimundo bajó a la mazmorra y a la luz de la antorcha del sayón vio al conde.

Estaba sentado sobre un banco de piedra; tenía una cadena amarrándole los pies y otra que rodeaba sus muñecas y con un cabo largo se prendía en la pared. Había paja en el suelo y estaba mojada. Debía de filtrarse agua en algún punto.

Fernán González parpardeó a la luz de la antorcha. Había adelgazado y la luz le labraba la cara y la marcaba sombras azules bajo los ojos; tenía crecida la barba y el pelo, y la piel, blanqueada por la falta de luz, le daba el aspecto de un fantasma.

Don Raimundo dijo:

—Soy el Conde de Ribagorza y os traigo saludos de vuestros hijos y de Assur Ansúrez. Tienen algunas ideas, que yo comparto.

La voz de Fernán González poseía una increíble animación.

—Dios os bendiga por las noticias que me dais.

—¿Os encontráis bien?

—Ahora sí. Gracias por vuestra visita.

—Tened esperanza, conde.

Raimundo de Ribagorza salió de la fortaleza

indignado del rigor con que se trataba a aquel hombre que era el mejor guerrero de toda España.

Cambiando constantemente de caballos y dejando una fortuna en las posadas, Raimundo de Ribagorza llegó a Pamplona en un tiempo inverosímil. Fue recibido en la corte con el honor debido al poderoso aliado que era. Se organizó un festín y un torneo en su honor; doña Toda y su corte estaban en fiesta continua desde que habían metido a Fernán González en sus prisiones.

Después de la fiesta, y en un rincón del salón, Raimundo de Ribagorza buscó a la infanta Urraca.

—¿Sabéis, señora, que el hombre que cogieron en Cirueña llegó desarmado creyendo que iba a casar con vos?

La infanta negó muy seria:

—No lo sabía. Y no lo hicieron con mi permiso, que jamás hubiera cometido yo una felonía semejante.

—Está en una mazmorra, encadenado de pies y manos, con agua en el suelo y sin luz. Era el mejor hombre de España y está agotado. Vuestro padre está pensando en entregarle al Califa, según lo firmado en Córdoba. Y fue a Cirueña desarmado porque iba a casarse con vos, señora. Y como sabe que es mayor y podíais no quererle, prometió honraros y respetaros, no imponeros su presencia si no os agradaba y daros unas arras tan ricas que a su muerte no tuvierais que volver a la corte de vuestro padre para ser la dueña de vuestros sobrinos, o refugiaros en un convento sin vocación de servir a Dios y únicamente porque las monjas os sirvan de acuerdo con vuestro rango, como suele pasar con muchas princesas viudas.

El Conde de Ribagorza había hablado de un tirón, recalcando las palabras con su acento catalán; doña Urraca le había escuchado en silencio y ahora, con la cara entre las manos, sollozaba.

—¡Dios mío! ¡Válgame Santa María y todos los Santos! ¡Cómo pudieron hacer esto en mi nombre!

Don Raimundo procuró tranquilizarla.

—Calmaos señora, o vuestro padre se preguntará qué os estoy diciendo.

—¡Pero yo tengo que hacer algo! Buen conde, yo no soy bonita. Soy la mayor de las hermanas y todavía no encontré esposo que se fijase en mí. Soy princesa y mi esposo tiene que ser noble. Y hay otras doncellas más lindas que yo para esposas de los hombres nobles.

—No digáis eso, señora. Tenéis los ojos como el agua de los ríos y el pelo como la paja madura.

—Gracias, conde. Intentaré ayudar a ese hombre que se ocupó de mis sentimientos en estos tiempos en que se conciertan las bodas sin preguntar siquiera a la novia.

—¿Qué vais a hacer, señora? Si vuestra abuela...

La infanta le detuvo sonriendo.

—Ya sé, conde. Soy fea pero no tonta. Iré a Castroviejo pero nadie se enterará. Hay un escudero que me facilitará caballos.

—No hará falta el escudero, señora. Yo os esperaré cuando ordenéis.

—Esta noche.

Aquella misma noche, después de la fiesta, abandonaron Pamplona.

Con el rostro cubierto llegó doña Urraca a Castroviejo. Don Raimundo se separó de ella y la dejó sola ante la puerta.

La infanta dijo al alcaide:

—Soy doña Urraca, hija mayor del rey. Dejé mis dueñas fuera. Tengo que ver al prisionero. Aquí está el sello del rey.

El alcaide no dudó. ¿Quién era él para saber los complicados asuntos de su rey?

Ordenó al sayón:

—Desencadena al prisionero y llévale a la habitación exterior. La princesa no puede bajar a la mazmorra.

Fernán González parecía un topo, ciego y trabado, cuando se enfrentó con la princesa. A la luz del día se advertía lo sucio y roto de sus vestidos que no había podido mudar desde Cirueña. Le habían dejado las cadenas de los pies y se tambaleaba de debilidad.

Se inclinó ante la princesa y casi cayó. Unicamente su voz se conservaba segura.

—Soy vuestro esclavo, señora. ¡Bendita sea vuestra presencia que me ha hecho el regalo de un poco de luz!

Doña Urraca tenía los ojos llenos de lágrimas.

—¿Me podréis perdonar alguna vez, conde?

—¿A vos? ¿Por qué, señora? No tuvisteis culpa alguna.

Doña Urraca volvió la cabeza. El sayón había salido y miraba por el ventanal de la muralla.

—¿Podréis andar? Venid.

Medio a saltos, medio arrastrando los pies, procurando no hacer ruido, Fernán González fue hacia la puerta. Había comprendido la idea de la infanta.

Se deslizaron por el corredor y lograron ganar las puertas exteriores. Allí doña Urraca gritó:

—¡Abrid las puertas a la hija del rey!

Los centinelas hicieron girar el pesado portón y el jefe de la guardia preguntó:

—¿Os lleváis al prisionero?

—Esta es la orden del rey —la infanta exhibió un pergamino.

Salieron muy de prisa mientras la guardia dudaba y doña Urraca corrió al caballo.

—¡Vamos, conde!

Fernán González saltó a la grupa; las cadenas golpeaban los flancos del animal.

El centinela echó a correr hacia el interior de la fortaleza.

—¿Qué decía el pergamino? —gritó el conde.

La infanta reía.

—Era una vieja cesión al monasterio de San Juan. Ya venía preparada.

A la salida de Castroviejo, con caballos de repuesto, les aguardaba el Conde de Ribagorza. Fernán subió al caballo que le tenían preparado. Tuvo que montar como las mujeres pues las cadenas seguían arrehojándole los pies.

Mientras tanto, yo esperaba en San Millán. Pasé

mil angustias creyendo que había fracasado o que se había olvidado de todo. Los monjes intentaban tranquilizarme, pero todos los días me acercaba a la frontera con un caballo de refresco y volvía con el caballo vacío y el alma desencantada.

García Fernández venció a los moros en San Esteban y acudió a reunirse conmigo. Estaba decidido a pasar la frontera y a rescatar a su padre por la fuerza.

Y nos pusimos en marcha. Dispuestos a invadir Navarra y rescatar al conde como fuera preciso.

Cerca de la frontera, vimos a unos caballos galopar hacia nosotros perseguidos por una gran nube de polvo. Parecían dos mujeres y un hombre, aunque una de las mujeres se balanceaba extrañamente en la silla.

En aquel momento reconocí el cabello rojo del conde de Ribagorza.

—¡García! ¡Es el Conde de Ribagorza!

Las tropas navarras —sólo era la guarnición de Castroviejo— huyeron al vernos.

Raimundo de Ribagorza me saludó como si me hubiera visto el día anterior.

—Assur Ansúrez, ¿nos ayudáis a desmontar?

Hasta que estuve a su lado no reconocí al Conde de Castilla.

El sol le había quemado parte de su rostro descubierto por la barba y presentaba un singular aspecto con la frente y la nariz encendidas como cerezas.

Le ayudé a descender del caballo.

—¡Benditos sean Dios y su Santa Madre! Ya estoy

en libertad y con los míos. No me volveré a quejar de desgracias en toda mi vida.

García venía corriendo.

—¡Padre!

Lloraba como un niño, abrazado al conde. Pero tras él venían Nuño Laín y Gutier Gómez y el Conde de Saldaña y el resto de los castellanos.

El Conde de Castilla se separó de su hijo.

—García, hijo. Esta dama es doña Urraca Garcés, tu madre desde ahora.

García Fernández se dirigió a la infanta, que tenía los ojos húmedos al ver la alegría de los castellanos, y dobló la rodilla ante ella.

—Tenéis mi amor y mi respeto desde ahora, señora. Con la vida no pagaría lo que acabáis de hacer por mi padre.

Don Raimundo murmuró:

—¡Buen muchacho! ¡Buen esposo para mi hija!

Yo reí y doña Urraca, que había oído, me hizo coro, mientras García nos miraba sorprendido.

Hicimos el campamento allí mismo y el maestro herrero que acompañaba a las tropas trabajó durante dos horas para poder cortar los grilletes del conde; lo consiguió no sin chamuscar varias veces los tobillos de su señor.

Luego le llevamos a su tienda. Estaba totalmente agotado. Y durmió casi veinticuatro horas.

Cuando despertó era otra vez el mismo hombre que recordábamos. Algo más envejecido, con más canas entre el pelo oscuro, pero con el mismo aire alegre y decidido. Se había bañado y cambiado de traje. Se cortó el pelo y se afeitó la barba, como la había llevado siempre.

Después del desayuno paseó por el campamento y vio su estatua. Se quedó en silencio un momento. Luego siguió adelante con una mano en el hombro de su hijo.

—¡Esta es Castilla! —murmuró.

Después de la comida me fui a despedir. Ya había cumplido mi misión. Pero el conde pareció asombrado ante mi deseo de marchar.

—¡Quédate,Assur! Ahora vendrán buenos tiempos. Has hecho por mi casa más que persona alguna y el Conde de Castilla no deja pendiente un favor. Ahora se firmará la paz y podremos vivir.

García me miraba con picardía.

—Tal vez te pida algo a cambio muy pronto.

Fernán González se volvió a su hijo.

—¿El qué?

—La mano de la prima Lambra.

Yo sentía fuego en la cara.

—Mi señorío es pobre... —empecé.

Fernán González alzó una mano.

—Calla, Assur. A nadie la confiaría con más satisfacción. ¡Quédate! Te voy a necesitar mucho. Eres un buen amigo y conoces bien a los reyes cristianos. Habrá que negociar la paz. Una paz para siempre. Castilla está libre al fin.

Y me convenció y me quedé.

Yo, Assur Ansúrez, Conde de Cea, he terminado mi crónica.

Quise escribirla en el estilo de los juglares que recorren los caminos y cantan sus romances en los arcos de las plazas y en las puertas de las iglesias. He tardado tiempo en hacerlo y el otoño se inicia ya en los campos de mi señorío. ¡Buenos campos de pan llevar!

Voy a dar esta crónica a mi hijo mayor, para que quede vinculada al señorío. No quiero que salga de mi casa hasta que la unidad de Castilla, León y Navarra sea un hecho.

Entonces, si es que Dios no llama a juicio al mundo en el año 1000 como dicen algunos predicadores en los monasterios, podrán mis sucesores enseñar esta crónica a los hombres para que aprendan cómo se dividió España por la discordia y no suceda nunca más.

ÍNDICE

Colección CUATRO VIENTOS

Obras publicadas

1. LUNA ROJA Y TIEMPO CÁLIDO
por Herbert Kaufmann (5.ª edición)

2. SAFARI EN KAMANGA
por Herbert Tichy (4.ª edición)

3. PEQUEÑO ZORRO, EL GRAN CAZADOR
por Hanns Radau (3.ª edición)

4. PEQUEÑO ZORRO, EL ÚLTIMO JEFE
por Hanns Radau (4.ª edición)

5. AVENTURA EN LOS ANDES
por Hanns Radau (6.ª edición)

6. ATERRIZAJE EN LA SELVA
por Hanns Radau (3.ª edición)

7. ORZOWEI
por Alberto Manzi (11.ª edición)

8. LA ISLA DE LOS DELFINES AZULES
por Scott O'Dell (10.ª edición)

9. PILLASTRE, MI TREMENDO MAPACHE
por Sterling North (3.ª edición)

10. AVENTURAS EN ÁFRICA
por Kurt Lütgen (3.ª edición)

11. TRES CAZADORES EN SIBERIA
por Joseph Velter (3.ª edición)

12. LA PERLA NEGRA
por Scott O'Dell (5.ª edición)

13. SIETE CHICOS DE AUSTRALIA
por Ivan Southall (3.ª edición)

14. CUATRO AMIGOS EN LOS ANDES
por Sadio Garavini

15. BORIS
por Jaap ter Haar (4.ª edición)

16. DANNY, CAMPEÓN DEL MUNDO
por Roald Dahl (2.ª edición)

17. PERDIDOS EN LA NIEVE
por Reidar Brodtkorb (2.ª edición)

18. UT Y LAS ESTRELLAS
por Pilar Molina Llorente (3.ª edición)

19. VEVA
por Carmen Kurtz (8.ª edición)

20. LANDA EL VALIN
por Carlos M.ª Ydígoras (2.ª edición)

21. EL RÍO DE LOS CASTORES
por Fernando Martínez Gil (5.ª edición)

22. DARDO, EL CABALLO DEL BOSQUE
por Rafael Morales (4.ª edición)

23. CITA EN LA CALA NEGRA
por Josep Vallverdú (2.ª edición)

24. VIKINGOS AL REMO
por Carmen Pérez Avello (2.ª edición)

25. LA PIEDRA Y EL AGUA
por Montserrat del Amo (2.ª edición)

26. VEVA Y EL MAR
por Carmen Kurtz (4.ª edición)

27. BALADA DE UN CASTELLANO
por María Isabel Molina (2.ª edición)

28. PETER, EL PELIRROJO
por Ursula Wölfel (2.ª edición)

29. FANFAMÚS
por Carmen Kurtz (3.ª edición)

30. LA TIERRA DE NADIE
por A. Martínez-Mena (3.ª edición)

31. RAMÓN GE TE
por Lolo Rico Oliver

32. VIERNES O LA VIDA SALVAJE
por Michel Tournier

33. EL SECRETO DE LA FOCA
por A. Chambers

34. GALLINAS SUPERGALLINAS
por Dick King-Smith

35. EL MAR SIGUE ESPERANDO
por Carlos Murciano (3.ª edición)

36. LAS AVENTURAS
DE UN CABALLO NEGRO
por Gunter Steinbach

37. TRAMPA BAJO LAS AGUAS
por Josep Vallverdú

38. HUIDA AL CANADÁ
por Barbara C. Smucker

39. GÓLEM, EL COLOSO DE BARRO
por Isaac Bashevis Singer

40. PABLURAS
por Miguel Martín Fernández de Velasco (2.ª edición)

41. EL TERRIBLE FLORENTINO
por Pilar Molina

42. NUBES NEGRAS
por Barbara Smucker

43. EL CUENTO INTERRUMPIDO
por Pilar Mateos

44. EL FUEGO Y EL ORO
por Montserrat del Amo